大国粮策

张佳宝◎主编

浙江教育出版社·杭州

图书在版编目（CIP）数据

大国"粮"策 / 张佳宝主编 . -- 杭州：浙江教育
出版社，2023.12
ISBN 978-7-5722-5099-6

Ⅰ．①大… Ⅱ．①张… Ⅲ．①粮食安全－中国 Ⅳ．
① F326.11

中国版本图书馆 CIP 数据核字（2022）第 253406 号

责任编辑 洪 滔 姚 璐		**责任校对** 王方家	
美术编辑 韩 波		**责任印务** 陆 江 曹雨辰	
装帧设计 刘亦璇			

大国"粮"策
DAGUO "LIANG" CE

张佳宝 主编

出版发行	浙江教育出版社
	（杭州市天目山路 40 号）
激光照排	杭州乐读文化创意有限公司
印 刷	浙江新华印刷技术有限公司
开 本	710×1000 1/16
印 张	14
字 数	280 000
版 次	2023 年 12 月第 1 版
印 次	2023 年 12 月第 1 次印刷
标准书号	ISBN 978-7-5722-5099-6
定 价	68.00 元

/ 作者简介 /

张佳宝，中国工程院院士，中国科学院南京土壤研究所研究员，第十四届中国土壤学会理事长，第二十二届国际土壤学联合会土壤工程与技术委员会主席，第二十三届国际土壤学联合会副主席，第三次全国土壤普查专家指导组组长，"十四五"国家重点研发专项"黑土地保护与利用科技创新"专家组组长。

长期从事土壤物质循环规律、土壤信息快速获取、土壤改良及地力提升方面的研究。主持过包括 2 项国家 973 项目在内的 20 多项国家和省部级项目。针对我国中低产田土壤障碍多、地力水平低两大难题进行突破，创建了土壤障碍分类消减、内稳性地力提升、富养－激发式和相似增效型快速培肥地力、易涝渍农田水土联治等理论与技术体系。创新土壤参数探测技术与设备，牵头建立了我国农田试验站联网研究平台和土壤养分管理国家工程实验室，形成了新一代土壤改良保育的理论基础－核心技术－支撑设备－研发平台体系。科技支撑国家中低产田治理、高标准农田建设和地力提升行动，推动和科技指导第三次全国土壤普查、国家黑土地保护与利用专项、中国科学院盐碱土先导专项的实施。获国家科技进步二等奖 3 项、国家科技进步一等奖 1 项，以及何梁何利科技进步奖、周光召农业科学奖等多项个人荣誉。

编委会名单

前　言

　　伴随着党的二十大胜利闭幕，中国特色社会主义的伟大事业站在了新的历史起点上，即将开启新的征程。机遇与挑战永远都是一对不可分割的存在，"百年未有之大变局"从来没有像今天一样让人感受得那么真切。

　　习近平总书记指出，粮食安全是"国之大者"，"悠悠万事，吃饭为大"。2022年，我国粮食总产量为13731亿斤，连续8年稳定在1.3万亿斤以上。这样的成就为中国共产党带领全国各族人民开启新的征程奠定了基础，稳定了民心，鼓舞了精神。回顾我国农业领域的科技发展史，不难发现，不同的历史阶段驱动提高农业生产效率、增加粮食总产量的方式是不同的。新中国成立后，我国通过开荒增加耕地面积，发展农业科技和农机装备提高单产，从而提高全国粮食的总产量。改革开放以后，家庭联产承包责任制释放了农业生产力，农业科技进步增加了农业化学品和机械投入，农田水利建设提高了抗灾能力，使粮食单产和总产量均得以大幅度提高。进入 21 世纪，驱动农业生产效率提升的方式和途径转移到生物技术和信息技术上来。回顾历史，考察当代，展望未来，我们应该如何发展我国的农业科技体系，支撑中国式农业现代化和农业强国的实现？这是我们必须面对和回答的问题。

我们这个团队是信息技术领域的老兵、农业科技领域的新兵。信息技术是一个深入行业、改造行业的工具，我们首先要自己想清楚如何依靠信息技术推动农业发展，然后具体深入到农业领域，这样才能有所作为。因此，我们厘清思路，把团队从 2015 年开始的农业智能化研究的思考和心得总结出来，在指导自己工作的同时，也希望能够与读者分享，请大家批评指正。全书分为五章，第一章对粮食安全和"大食物观"的概念进行阐述；第二章回顾新中国成立后和改革开放以来两个时期国家在保障粮食安全方面进行的探索；第三章梳理和总结当前我国粮食安全领域的科技问题；第四章展望未来农业的形态，给出我们关于智慧农业的思考；第五章举例说明我们已经开展的一些智慧农业的探索和实践。

本书能够顺利出版，首先得感谢中国科学院战略先导"黑土地保护与利用""生态草牧业"等项目的支持。其次，要感谢中国科学院南京土壤研究所张佳宝院士、中国科学院农业科技办公室王竑晟主任、曾艳老师和科学传播局祝魏玮老师的设计与思路，以及呼伦贝尔农垦集团胡兆民董事长、郭平总经理的理念支撑，他们还负责了部分章节的具体撰写。还要感谢中国科学院智能农业机械装备工程实验室的参编团队的辛苦付出，包括张玉成、高树琴、代锋、陈海华、王鹏、马宜科、刘子辰、曹晓卫、李蕾、龙隆、卫晓磊、吴威、张晓博、魏红波、李清琳、朱方瑜、韩义江等老师，他们参与了本书的编撰、校对等工作。此外，衷心地感谢浙江教育出版社，感谢所有为此书出版作出贡献的同志。

农业生产是一个复杂庞大的系统，如何通过农业科技的发展和进步，保障国家粮食安全是一个永恒的课题。我们作为农业科技领域的新兵，对一些问题的认识和理解还不到位，错误和疏漏在所难免，诚望读者的批评指教，帮助我们完善和成长。

目录

第三章　粮食安全潜存危机，如何向科技要粮

第四章　玩最尖端的科技，用勇气搏击"科技浪尖"

第五章　科技强农：未来农业新图景

第一章

牢固树立"大食物观"，夯实粮食安全根基

民为国基，谷为民命。粮食事关国运民生，粮食安全是国家安全的重要基础。新中国成立后，经过艰苦努力，我国以占世界 9% 的耕地、6% 的淡水资源，养育了世界近 1/5 的人口，从当年 4 亿人吃不饱到今天 14 亿多人吃得好，有力回答了"谁来养活中国"的问题。

这一成绩来之不易，要继续巩固拓展。党的十八大以来，以习近平同志为核心的党中央提出了"确保谷物基本自给、口粮绝对安全"的新粮食安全观，确立了"以我为主、立足国内、确保产能、适度进口、科技支撑"的国家粮食安全战略，走出了一条中国特色粮食安全之路。

2022 年 3 月 6 日，习近平总书记在看望参加全国政协十三届五次会议的农业界、社会福利和社会保障界委员并参加联组会议时指出"要树立大食物观"，"在确保粮食供给的同时，保障肉类、蔬菜、水果、水产品等各类食物有效供给"，"把'藏粮于地，藏粮于技'真正落实到位"。按照中共中央、国务院印发的《"健康中国 2030"规划纲要》要求，根据中国居民平衡膳食宝塔（2022）推荐的饮食结构，平均每人每天需要的粮食（谷物、豆类、薯类）是 250～400 克，按照当前我国 14.13 亿人口测算，合理膳食结构下，我国每年需要直接用于口粮消费的粮食数量是 1.3 亿～2.1 亿吨，占我国当年粮食总产量的 19%～31%。可以说，我国口粮绝对安全。2021 年，我国人均粮食占有量达到 483.5 公斤，即使不考虑进口补充和充裕的库存，仅人均粮食产量就已超过国际上公认的"400公斤"粮食安全线。所以，中国粮食安全形势是好的。我们要做到把中国人的饭碗牢牢端在自己手中，而且里面主要装中国粮。

党的二十大报告中进一步强调："全方位夯实粮食安全根基，全面落实粮食安全党政同责，牢牢守住十八亿亩耕地红线，逐步把永久基本农田全部建成高标准农田，深入实施种业振兴行动，强化农业科技和装备支撑，健全种粮农民收益保障机制和主产区利益补偿机制，确保中国人的饭碗牢牢端在自己手中。树立大食物观，发展设施农业，构建多元化食物供给体系。"本章将从粮食的概念、粮食安全的内涵演变及判定标准等方面，分析我国粮食安全的现状，从我国农业科技体系建设历程讨论科技对农业的支撑作用，解读树立"大食物观"的重要意义，并分析在"大食物观"下，我国粮食安全面临的挑战和我国为保障粮食安全采取的对策及成效。

了解粮食和粮食安全的内涵与演变

观点

粮食既是关系国计民生和国家经济安全的重要战略物资，也是人民群众最基本的生活物资。我国是世界三大农业起源地之一，通过驯化作物成为世界上重要的栽培植物起源中心之一，现已成为世界第一大粮食生产国和第三大粮食出口国。我国在端牢自己饭碗的同时，也以实际行动为维护世界粮食安全提供重要助力。

粮食的概念及内涵

"国以民为本，民以食为天。"粮食生产与农业发展密不可分。我国是世界三大农业起源地之一，原始时代就首先驯化栽培了粟、黍、菽、稻、麻和许多果树、蔬菜，成为世界上重要的栽培植物起源中心之一。比如我们常说的"五谷"，即稻（稻谷）、麦（小麦）、菽（豆类）、黍（黄米）、稷（粟谷，即小米）五种，就是早期驯化的栽培作物。[①]"五谷"一词最早见于《论语·微子篇》,据说是一位老农说孔子的学生子路"四体不勤,五谷不分"。《黄帝内经》称:"五谷为养。"民间也有"五谷丰登"之说。而"粮食"一词,最早见于《左传》:"楚师辽远,粮食将尽。"郑玄注:"行道曰粮,止居曰食。"当时的"粮"与"食"是指同一事物,只是在不同场合与用途下区别命名。后来随着语言演变,"粮"与"食"合为一词,称为粮食。[②]

讨论粮食安全,首先需要厘清几个概念,即粮食、主粮、口粮和食物。《国家粮食安全中长期规划纲要(2008—2020 年)》中,粮食主要指谷物、豆类和薯类,这与国家统计局关于粮食产量统计的口径一致。我们常说的粮食总产量就包括这三类,其中,谷物主要是稻

图 1-1 秋收场景

① 刘旭:《中国作物栽培历史的阶段划分和传统农业形成与发展》,《中国农史》,2012 年第 2 期。
② 王思明等:《中国食物的历史变迁》,中国科学技术出版社,2021。

谷、小麦、玉米以及高粱、谷子等其他杂粮；豆类包括大豆、绿豆、红小豆等；薯类包括甘薯和马铃薯等（不含木薯）。在粮食产量统计中，谷物和豆类粮食作物，一律按脱粒、晒干后的原粮折国家标准含水量进行计算，而薯类粮食作物中的甘薯和马铃薯则以鲜薯 5∶1 折算成粮食（1963 年以前为 4∶1 折算，从 1964 年开始改为 5∶1 折算）。主粮，一般是指三大谷物，即稻谷、小麦和玉米。根据用途不同，粮食又可分为口粮、饲料用粮、工业用粮和种子用粮，这里的口粮，通常只包括稻谷和小麦。在我国三大谷物中，玉米很大一部分是用作饲料粮和工业加工用粮。食物除了粮食以外，还包括食用植物油、肉、禽、蛋、奶及水产品等。

粮食安全的概念及内涵

粮食安全是世界和平与发展的重要保障，是构建人类命运共同体的重要基础，关系人类永续发展和前途命运。粮食安全的概念最早由联合国粮食及农业组织（简称粮农组织，FAO）提出。20 世纪 70 年代初期，由于连续两年气候异常造成世界性的粮食大幅度减产，加上苏联大量抢购谷物，引发全球粮价飞涨，出现了世界性的粮食危机，粮食安全问题首次被纳入国际安全合作体系。联合国粮农组织于 1973 年和 1974 年连续两年召开世界粮食大会，大会通过了《世界消灭饥饿和营养不良宣言》。在这个宣言中，"粮食安全"被定义为"保证任何人，在任何时间都能够得到为了生存和健康所需要的足够食物"。1983 年，联合国粮农组织将粮食安全的概念修订为"所有粮食需求者在任何时间点都能够买得到且付得起生存所需的粮食"，在充足粮食供应的前提下，强调了"买得起"，在分析粮食安全的框架中加入了购买力。1996年，联合国粮农组织发起组织的世界粮食峰会将粮食安全的概念修订为"所有民众在任何时间点能买得到且买得起富含营养物质的数量充足的粮食来维持健康的、充满活力的生活"，在前述数量和购买力的基础下，新增了粮食的品质。2001年，联合国粮农组织再次将粮食安全的概念更新为"所有粮食需求者在任何时间都能在物质层面、经济层面和社会层面上获取数量充足、安全并富含营养的食物"。

2010年，联合国粮农组织在《世界粮食危机报告》中将粮食安全的概念再进一步定义为"任何人在任何时候都能在物质、社会和经济上获得充足、安全和富有营养的食物来满足其膳食需要和饮食偏好以维持健康的、充满活力的生活"。这一概念包含了五个特性：供给角度的可供性、收入角度的支付性、需求角度的获得性、消费角度的营养性和全过程的稳定性，简单而言，即有得卖、买得起、买得到、吃得好、稳得住。此后，联合国粮农组织每年发布的《世界粮食危机报告》或《世界粮食安全和营养状况》，多是讨论不同因素对粮食安全的影响以及粮食安全指标体系与全球数据分析。

粮食安全的评价标准

粮食安全的测度方法，一般是根据易于观测和获取的宏观基础数据来确定测度指标。按照当前国际通用的粮食安全评价标准，一般分为数量安全和质量安全。从数量安全角度讲，具体有三类指标表征粮食安全：一是粮食自给率，一般认为大于95%为安全，小于90%则有风险，这是衡量粮食生产角度的安全评价标准；二是人均粮食占有量，一般认为大于400公斤就代表粮食安全，这是反映粮食消费角度的安全评价标准；三是粮食储备量，这是在1974年世界粮食大会上确定的，一个国家的粮食储备达到本年度粮食消费的18%为安全，低于14%需警戒，这是反映粮食存储和流通角度的安全评价标准。从质量安全角度讲，粮食有质量标准和卫生标准。国际上存在众多制定食品领域国际标准的组织，如联合国粮农组织和世界卫生组织联合建立的政府间国际组织——国际食品法典委员会（CAC）、国际非政府组织国际标准化组织（ISO）、国际乳品行业成立的非政府组织国际乳品联合会（IDF）等。其中，1962年成立的CAC受到世界贸易组织（WTO）的认可，因此食品安全领域的国际标准一般指国际食品法典标准，即Codex标准。国际食品法典委员会现有173个成员国和1个成员国组织（欧盟），覆盖全球99%的人口。CAC食品法典以统一的形式提出并汇集了国际已采用的全部食品标准，分为商品标准、技术规范、限量标准、分析与取样方法、一般导则及指南五大类，主要涉及农药、兽药残留物及污染物限量标准，添加剂标准，辐射污染标准，感官、品质检验标准，检验、分析方法，取制样技术、设备、标准，检验数据的处理准则，安全卫生管理指南等十几个方面。中国于1984年成为CAC成员国，2006年7月成为国际食品法典农药残留委员会（CCPR）和国际食品添加剂法典委员会（CCFA）主席国。

按照我国"口粮绝对安全，谷物基本自给"的目标，我国确保稻谷和小麦这两大口粮的自给自足，自给率要达到95%以上，而其他

图 1-2　粮食质量检测

粮食则充分利用国内外两个市场。2021 年我国粮食总产量（谷物、豆类和薯类产量）6.8 亿吨，而我国进口量最多的大豆，几乎全部用于压榨加工，其中约 20% 的加工产品为豆油，80% 的加工产品为豆粕，用作动物饲料，不会威胁我国口粮安全，我国口粮自给率始终保持在 97% 以上。我国的粮库里并不缺粮食，但因为进口产品价格低，很多农产品加工企业还是愿意进口外国粮食。自我国加入 WTO 以后，大幅降低农产品进口关税，现在三大主粮 2000 多万吨的配额内，关税只有 1%；大豆进口关税稍高，为 3%，但没有配额限制。

《中华人民共和国食品安全法》第二十五条规定：食品安全标准是强制执行的标准。除食品安全标准外，不得制定其他食品强制性标准。食品安全标准是对食品中各种影响消费者健康的危害因素进行控制的技术法规。加入WTO后，我国食品安全标准工作逐步与国际接轨，清理完善形成统一的食品安全标准体系，基本符合或接近国际食品法典标准。据国家食品安全风险评估中心的数据显示，"十三五"期间，我国食品安全标准工作取得了显著成效，现行有效的食品安全标准共有1189项，覆盖我国市场销售的、老百姓消费的主要食品类别，覆盖面达到90%以上，涵盖食品产品、食品添加剂、食品营养强化剂、兽药残留等14种类别，初步构建起覆盖从农田到餐桌，与国际接轨的食品安全国家标准体系，有效保证了消费者的食用安全。

全球粮食安全的现状

联合国粮农组织、国际农业发展基金、联合国儿童基金会、联合国世界粮食计划署和世界卫生组织联合发布的《2022年世界粮食安全和营养状况》报告中指出，2021年全世界受饥饿影响的人口约有8.28亿，比2019年疫情暴发前增加了1.5亿。当前疫情仍在持续，俄乌冲突仍在继续，而俄罗斯和乌克兰又是全球重要的主粮、油料和肥料生产国，这些风险因素都将对全球粮食安全和世界人口营养产生深远影响。我国在以国内大循环为主体、国内国际双循环相互促进的新发展格局下，坚持立足国内保障粮食基本自给的方针，实施"藏粮于地、藏粮于技"战略，持续推进农业供给侧结构性改革，不断提升粮食生产能力，优化粮食供给结构，推动建立粮食安全保障体系，中国特色的粮食安全之路必将越走越稳健、越走越宽广。

根据联合国粮农组织的调查报告，全球只有33个国家和地区能做到粮食自给自足。其中，仅有中国、美国、澳大利亚、巴西、阿根廷与新西兰 6 个国家，有对外援助能力。正如 2022 年世界粮食日主题号召的"不让任何人掉队"，我国在端牢自己饭碗的同时，也以实际行动为维护世界粮食安全提供重要助力。2022 年我国已向有需要的发展中国家提供 3 万多吨紧急人道主义粮援，同 140 多个国家和地区开展农业合作，向发展中国家推广农业技术 1000 多项，带动项目区农作物平均增产 30% ～ 60%，使超过 150 万小农户从中受益。此外，我国继续深入推进南南合作，为实现联合国 2030 年可持续发展目标中的"消除饥饿，实现粮食安全，改善营养状况和促进可持续农业"做出积极努力。联合国世界粮食计划署驻华代表屈四喜说，中国与发展中国家分享自己的发展经验和适用技术，务实地开展国际合作，积极帮助广大发展中国家增强粮食安全保障能力，受到了国际社会的高度赞扬。

小 结

　　我国用不足全球 9% 的耕地解决了约占全球 20% 人口的吃饭问题，实现了中国饭碗不仅牢牢端在自己手中，而且饭碗里主要装的是中国粮。这既是中国自己取得的伟大成就，也是为世界粮食安全作出的重要贡献。同时，我们也要清醒认识到，世界正处于百年未有之大变局，全球气候变化加剧、新冠疫情风险、国际关系和贸易格局等多重因素叠加的背景下，我国要坚持立足国内保障粮食基本自给的方针，实施"藏粮于地、藏粮于技"战略，践行"大食物观"，持续推进农业供给侧结构性改革，优化粮食供给结构，拓展食物来源渠道，将中国特色的粮食安全之路走得更宽更稳。

浅析中国粮食安全的标准与现况

观点

中国粮食安全问题从古至今一直存在，随着时代的进步，粮食安全问题的解决方式也由依靠传统农业技术演变为依靠现代科学技术手段，同时粮食安全标准的定义也由套用国际粮农组织标准，转变为制定适宜于我国国情的粮食安全标准。

从古至今我国粮食安全发展历程

粮食安全的概念是联合国粮食及农业组织在 1974 年第一次提出的，但有关粮食安全的思想在我国古代早有体现。先秦时期是我国古代粮食思想的萌芽时期，《诗经》《周礼》《吕氏春秋》《管子》等书对粮食安全问题皆有阐述。其中《管子》体现了管仲的粮食安全思想，如"民非谷不食，谷非地不生"和"积于不涸之仓者，务五谷也"，其意思分别为：人们没有谷物就没有吃的东西，谷物没有土地就无处生长；要把粮食积存在取之不尽的粮仓里，就要努力从事粮食生产。

秦汉时期，古代粮食安全的思想初步形成，秦国统一之后将农业作为基本国策向天下推行，提高劳动者的地位，同时颁布法规对其进行保护。汉武帝时期，通过兴建水利，大幅改善农业生产条件，确保农业产量，同时通过专业人士对农业技术进行推广。

魏晋至隋唐时期，虽然社会多次动荡，但是粮食安全思想得到进一步发展，尤其在隋唐盛世时期传统农业技术趋于成熟。唐代宰相刘晏对粮食安全思想进行了创新发展，其粮食安全的概念涉及粮食生产、流通、运输、存储、抗灾救灾等多个方面。

宋元时期，粮食安全的思想全面成熟，荒政（指政府的赈灾救荒政策）思想十分突出。朱熹提出通过设立民间互助组织，对饥民与贫民进行救助。元代，忽必烈大力推广农业和粮食生产，并编撰推广《农桑辑要》指导人民如何种地，同时推行一系列政策保护农民。

明清时期是粮食安全思想的定型时期，这一时期人口增加较快，人们对粮食的需求进一步提高。为了提升粮食产量，人们提出一系列对策，如开垦荒地、兴修水利、以工代赈，"预弭为上、有备为中、赈济为下"等措施。此外，通过粮食商品化流通，实现粮食调剂也是解决粮食安全问题的手段之一。

民国时期，中国开始由传统社会向现代社会转型，由于社会动荡，加之人口增长，人民温饱问题无法得到解决，粮食供给存在较大压力。此时粮食安全思想侧重于满足人们的食物需求。然而，由于灾祸战乱频生，农业生产水平受到约束，严重阻碍了粮食生产能力的提高。在此时期，我国建立了中央、省、地方三级粮食储备制度，但是人均原粮只有 159 公斤左右，粮食储备不足，无法抵御频发的粮食危机。

　　纵观从古至今整个时间线不难发现，粮食安全思想一直存在，在各个时期具有各自的特点，而且随着社会发展不断演进，通过不断迭代而逐步成型。

新中国成立后我国粮食安全发展形势

　　1949 年新中国成立初期，我国人均粮食占有量仅有 209 公斤，较民国时期有所提升，然而民众吃饭问题还没有解决。党和政府提出"不许饿死一个人"，想方设法确保粮食供应。为了解决市场供应脱节、不法商人哄抬物价等问题，1953 年 10 月，中共中央做出《关于实行粮食计划收购和计划供应的决议》。11 月 23 日，中央人民政府政务院发布了《关于实行粮食计划收购和计划供应的命令》（统购统销），要求所有私营商户一律不许私自经营粮食，须在国家监管下，由粮食部门委托代理销售粮食。改革开放后，人民的温饱问题基本得到解决，我国农业生产快速发展，粮食产量大幅提升，1984 年人均粮食占有量达到 400 公斤。然而，随后 3 年我国粮食产量徘徊在 4 亿吨左右，而同期人口增长近 5000 万，到 1988 年，我国人均粮食占有量下降至 355 公斤。为提高粮食产量，国家从政策、产业结构、科技等方面做出针对性部署，1988—1993 年，在国务院国家土地开发建设基金管理领导小组（后改名为"国家农业综合开发领导小组"）的领导下，来自农业部、中国科学院等部门的科研单位与地方协同联动，以中低产田治理为突破口，全面运用农业综合增产技术，经过 6 年奋战，实现黄淮海地区粮食增产 252.4 亿公斤，对扭转我国缺粮的局面起到重要作用。这场农业大生产运动，被称作"农业科技'黄淮海战役'"。1993年我国粮食产量达到4.56亿吨，粮食生产逐步实现了供求平衡，农产品基本告别了短缺时代。1993年4月1日起，按照国务院《关于加快粮食流通体制改革的通知》（国发〔1993〕9号）精神，我国取消了粮票和油票，实行粮油商品敞开供应。

图1-3　全国通用粮票

1994年8月，美国世界观察研究所创始人莱斯特·R.布朗（Lester R. Brown）发表了《谁来养活中国？》一文，并于1995年汇编出版。1996年10月，国务院新闻办公室发布《中国的粮食问题》白皮书，正面回应了"谁来养活中国"的疑问，提出"立足国内资源，实现粮食基本自给，是中国解决粮食供需问题的基本方针"，并提出了"粮食自给率不低于95%"的目标。在此期间，我国深化改革，引导农民进行生产结构调整。1996年我国粮食总产量跨上一个新的台阶，首次突破5亿吨，人均粮食占有量达到405公斤。然而，随着社会经济的发展，工业用粮和饲料用粮需求不断增加，如果把大豆纳入粮食口径计算，2012年，我国粮食自给率已不到90%。

2013 年中央经济工作会议上确立了必须实施以我为主、立足国内、确保产能、适度进口、科技支撑的国家粮食安全战略，提出的"谷物基本自给、口粮绝对安全"的新目标贯彻至今。2019 年 10 月，国务院新闻办发布《中国的粮食安全》白皮书，是继 1996 年《中国的粮食问题》后，政府发布的第二部关于粮食安全问题的白皮书，其中提出要"增加专用米、专用粉、专用油、功能性淀粉糖、功能性蛋白等食品有效供给，促进居民膳食多元化；推动畜禽养殖发展，满足居民对肉蛋奶等的营养需求"，这是中国依靠自身力量实现由"吃不饱"到"吃得饱"，并且"吃得好"的历史性转变。截至 2021 年，我国粮食生产十八连丰，和新中国成立初期相比，粮食产量增加了 5 倍之多，全国人均粮食占有量已经达到 483 公斤。

面对百年未有之大变局，习近平总书记将粮食安全问题提到新高度，提出"确保 18 亿亩耕地实至名归""给农业插上科技的翅膀""'用好养好'黑土地""用自己的手攥紧中国种子"等重要论述，确立了新时代中国粮食安全观，为我国未来农业发展指明了方向。

我国粮食安全标准发展现状

目前我国常用的粮食安全标准主要分为三个方面，即粮食质量、粮食卫生以及粮食数量。粮食质量方面，我国加强了粮食标准质量安全工作，并取得明显成效。党的十八大以来，我国新发布粮食领域标准 185 项，截至 2022 年，我国共发布 661 项粮食安全标准，包括国家标准 379 项、行业标准 282 项，这些标准涉及原粮分类标准、原粮储运、成品粮食品加工要求及规范，同时，在粮食感官要求、理化标准、有毒有害菌类、污染物限量真菌含量等各个方面也有明确规范。在粮食卫生方面，我国发布的食品安全标准共有 1419 项，涉及水产品、蛋、肉类、冷冻食品、饮料、调味品、糖果、酒类、乳制品、干果、油炸食品、航天食品等方面，明确了食品的加工过程规范、食品菌类、微生物质量检验等各个方面的标准。可以说，我国的粮食安全标准体系已基本建立，它不但为我国的粮食存储提供支撑，也为我国居民食品安全提供保障。粮食数量方面按照联合国粮农组织通用的三个标准进行评估，即国家谷物自给率达到 95%，人均粮食占有量超过 400 公斤，粮食储备率不低于 18%。从谷物自给率来看，我国谷物自给率始终保持在 95% 以上；从人均粮食占有量来看，2021 年我国人均粮食占有量达到 483 公斤，高于国际公认粮食安全线；从粮食库存数据来看，我国粮食储备率超 50%，远超 18% 的安全标准。充裕的粮食库存为国家粮食安全提供有力保障的同时，也提高了国家抵御国内外各种风险的应对能力。

随着我国经济与物质水平的提升，人们不再简单满足于温饱要求，对丰富、健康的膳食提出了更高要求。相关研究表明，随着人均国内生产总值（GDP）的增长，居民对动物蛋白营养的需求也会增长，且呈正相关关系。改革开放以来，口粮在居民的膳食结构中的比例不断下降，而肉蛋奶等动物性食品的比例不断增加。国家统计局的相关数据显示，2013 年我国人均粮食消费量为每年 148.7 公斤，到 2019 年，人均粮食消费量已下降至每年 130.11 公斤。与此同时，其他食品消费保持增长，其中前三名为禽肉、鲜瓜果、水产品，增长率分别为

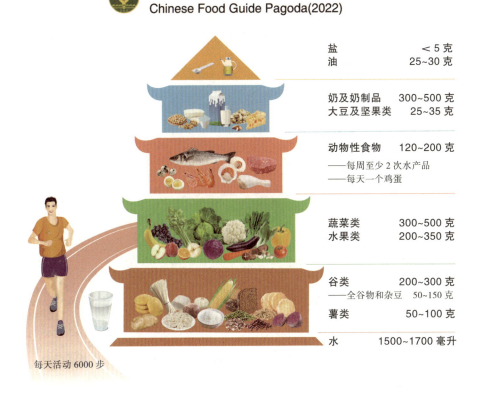

中国居民平衡膳食宝塔(2022)
Chinese Food Guide Pagoda(2022)

| 盐 | <5 克 |
| 油 | 25~30 克 |

| 奶及奶制品 | 300~500 克 |
| 大豆及坚果类 | 25~35 克 |

动物性食物　120~200 克
——每周至少 2 次水产品
——每天一个鸡蛋

| 蔬菜类 | 300~500 克 |
| 水果类 | 200~350 克 |

谷类　200~300 克
——全谷物和杂豆　50~150 克
薯类　50~100 克

水　1500~1700 毫升

每天活动 6000 步

图 1-4　中国居民平衡膳食宝塔（2022）[①]

68.8%、36.0% 和 30.8%。在绝对量上，我国人均每日消费最多的三种食物为谷物、蔬菜和鲜瓜果，分别为 357 克、270 克和 140 克。从热量角度看，2019 年居民人均每日摄入平均为 1973.8 千卡，与 2013 年的 2028.7 千卡相比略有下降，但考虑到在外饮食比例提高，人均

———————————

① 图片来源：中国营养学会。

每日能量摄入基本在平衡膳食宝塔倡导的 1600 ～ 2400 千卡，且肉蛋奶供能比例从 11.8% 提高到 12.6%，说明中国居民热量摄入基本有保障，营养摄入得到优化，膳食结构不断趋于科学合理。同时，这也对我国农业生产提出了更高的要求，如何通过农业供给侧结构性改革，满足人民日益增长的美好生活需要成为重要课题，新时代"大食物观"应运而生。

小 结

从古至今，我国粮食安全的思想经历了萌芽、成型、定型直至与世界接轨的各阶段，并结合我国国情仍在与时俱进不断完善。随着经济发展与物质水平的提升，人们不再满足解决温饱问题，对健康、绿色、合理的膳食结构提出更高要求，也对我国粮食安全提出了新的挑战。"大食物观"的提出，为解决新时代粮食安全问题指明了新的方向，也为我国持续完善粮食安全标准提出了更高的要求。

探究我国农业科技体系发展的历史与进展

观点

习近平总书记高度重视农业科技，指出"解决吃饭问题，根本出路在科技"。我国农业科技创新体系经过 70 多年的发展，已经形成了以政府为主导，由农业科研院所、涉农高校、涉农企业和农技推广服务组织等多元主体共同组成的创新体系。2021 年，我国农业科技贡献率已提高至 61.5%，较改革开放初期的 27% 提高了 1.3 倍，我国农业科技整体水平从世界第二方阵跨入第一方阵。

我国农业科技战略布局

新中国成立以来，我国农业科技发展战略主要经过了计划经济、改革开放和党的十八大后三个阶段。在计划经济时期，科技活动从属于计划经济，农业科学技术发展列入国家计划，通过财政拨款支持农业科学研究，最后将科研成果无偿地推广到农业生产领域。

改革开放初期，我国农业科技贡献率仅为27%。在"科学技术是第一生产力"的思想指导下，我国先后出台了《1978—1985年全国农牧业科学技术发展规划》《农业部、财政部、国家科委关于加强农业科研单位科技成果转化工作的意见》《国务院关于依靠科技进步振兴农业加强农业科技成果推广工作的决定》等政策文件，把科技兴农作为振兴农业的重大战略措施。尤其是1996年国务院出台的《关于"九五"期间深化科学技术体制改革的决定》，明确提出建立适应市场经济的科技体制，确立了以企业为主体、产学研相结合的技术开发体系和以科研机构、高等学校为主的科学研究体系以及由社会化的科技服务体系构成的科技创新体系。在1995年国家实施"科教兴国战略"后，科教兴农作为科教兴国战略的一部分，我国农业科技快速发展，取得了一系列重要成果。2012年，我国农业科技贡献率已达到54.5%，比改革开放之初提高了1倍。

党的十八大以来，我国先后出台了《加快农业科技创新与推广的实施意见》《关于深化农业科技体制机制改革加快实施创新驱动发展战略的意见》等政策文件，国家财政资金对农业科技创新的支持力度不断加大，农业科研体制机制改革不断深化，各类农业经营主体和市场主体的创业创新活力迸发，我国已形成全球人员规模最大、科研体量最大、学科门类齐全的农业科研创新体系。根据农业农村部公布的数据，我国农业科技贡献率到2021年已提高至61.5%，比2012年提高了7个百分点。2021年，我国农作物良种覆盖率超过96%，自主选育品种面积占95%，品种对单产的贡献率超过45%。我国可自

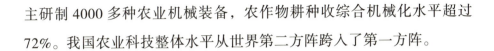

主研制 4000 多种农业机械装备，农作物耕种收综合机械化水平超过 72%。我国农业科技整体水平从世界第二方阵跨入了第一方阵。

我国农业科技创新体系

我国农业科技创新体系是由农业科研机构、涉农高校、涉农企业和农机推广组织等多元主体共同组成的，不同创新主体间的创新能力存在差异。农业科技对农业转型升级、农产品供给优化、新动能培育和农业增长的贡献日益彰显，支撑作用日益增强。截至 2021 年，我国农业科研领域获得了国家自然科学奖、技术发明奖、科学技术进步奖等奖项 230 余项，为促进农业科技进步和农业农村经济社会发展作出了突出贡献。

改革开放后，全国农业科技创新体系快速发展，我国农业科技投入也迅速增长。全国农业科研机构由 1979 年的 597 家增加到 2017 年的 1063 家，农业科研从业人员由 1979 年的 2.2 万人发展到 2017 年的 11.5 万人。到 2017 年，我国乡镇以上农技推广机构已经达到了 7.49 万家，农技推广人员达到 54.1 万人。与此同时，我国农业科技总投入和研发经费持续增加。据统计数据显示，我国对农业的科技投入由 1978 年的 7.2 亿元增长到 2015 年的 550 亿元以上，增长了 75.39 倍；其中，农业研发投入由 1978 年的 1.4 亿元增长到 2015 年的 260 亿元，增长了 184.71 倍。[①]

---

① 杨阳：《迎风傲雪 砥砺前行 奋发新时代 记新中国农业科技发展 70 年》，《中国农业科技》，2019 年第 9 期。

近年来，随着我国农业经济发展，在国家农业科研投入支持下，我国农业科研机构的实力不断增强。在农业科技战略研究力量全球TOP50的机构评选中，中国科学院、中国农业科学院、中国农业大学和浙江大学 4 家科研机构入选。2022 年 12 月，中国农业科学院发布的《2022 中国农业科技论文与专利全球竞争力分析》报告显示，过去5 年，我国农业科技论文总发文量 22.7 万篇、高被引论文量 2053 篇，均排名第一；在农业发明专利申请中，我国以 62.83 万件保持全球第一，占据 22 国农业发明专利的半壁江山，我国农业发明专利总被引频次为 74.68 万次，占 22 国的 64%，中国发明专利授权数量 11.57 万件，占 22 国的 47%。可以看到，我国农业科技论文、专利数量均居全球第一，我国农业科技整体实力已进入世界前列。

加强我国农业科技创新体系构建的实现路径

随着我国农业现代化建设的进程加快，伴随国际先进科技逐渐呈现对外封锁的态势，按照习近平总书记"科技是第一生产力、人才是第一资源、创新是第一动力"的指示精神，我国未来在加强农业科技创新体系构建方面，可从以下几方面进行持续强化。

第一，鼓励高技术领域的人才投身于农业研究领域。当前，我国农业发展处于自动化为特征的农业 3.0 时代的过渡阶段，并已经开始探索无人化智能化为特点的农业 4.0 时代。无论是自动化还是无人化智能化，未来现代化农业的发展都离不开计算机、物联网、大数据、人工智能等高新技术，因此，鼓励我国高新技术领域的优秀人才投身于农业领域研究，有助于在短期内大幅度提升农业科技创新能力，加快农业现代化进程。

第二，农业科技人才的培养要与农业生产实际紧密结合。农业科学研究必须深入田间地头，从农业生产实际中发现问题，将生产需求转化为科学问题，将产业短板拆解为技术卡点，通过科学研究解决问题，形成熟化技术，再用到田间地头服务生产。因此，农业科技人才的培养不能仅依靠书本知识，必须依托生产基地，与实践技能紧密结合。

第三，发挥企业在农业科技创新中的主体地位和作用。农业企业具有很强的技术需求，但通常来讲技术开发能力普遍较弱；而农业科研机构和高校的科研成果受多种因素的制约，转移转化较难。党的

图1-5 智能农业场景

25

二十大报告提出加快实施创新驱动发展战略，重申了科技领军企业在国家战略科技力量中的地位和作用，特别指出要强化企业科技创新主体地位，营造良好的成长环境，推动创新链、产业链、资金链和人才链的深度融合。

小 结

　　我国农业科技体系的建立健全，为服务国家农业科技快速发展和保障国家粮食安全提供了重要支撑。在农业 2.0 时代向农业 3.0 时代过渡、探索农业 4.0 时代的阶段，围绕中国式农业现代化发展需求，未来我国农业科技体系要鼓励更多的高新技术领域人才投身于农业，加强企业在农业科技创新中的主体地位和作用，加强科研院所农业科技人才培养与农业生产实践的结合，构建产学研用一体化的农业科技 + 产业发展的融合模式。

迎接"大食物观"新发展理念的挑战与机遇

国家的粮食安全战略为解决民众的温饱问题作出了巨大贡献，但随着人民生活水平不断提高，需要树立"大食物观"，促进居民膳食营养健康。大食物观以粮食安全为前提，以生态环境保护为基础，以科学技术为支撑，保障居民"吃得好""吃得健康"，满足人民对美好生活的追求。

大食物观的价值

悠悠万事，吃饭为大。随着国民经济持续发展，人民生活水平不断提高，民众在满足基本温饱后，对蔬菜、水果、肉类、蛋类、奶类、水产品等食物需求日益增加，食物消费结构逐渐多元化、全面化。早期为解决国民温饱问题，城乡居民食物来源主要依赖口粮，使得口粮与饲料粮结构失衡、农业生产资源配置效率不高。为满足国内消费结构的变化，我国农产品进口不断增加。2021年，我国进口粮食16453.9万吨、食糖566.6万吨、食用植物油1131.5万吨、猪肉371万吨、牛肉233万吨。我国粮食一直处于紧平衡状态，受到新冠疫情、国际食物供应链不确定等多重因素影响，粮食进口风险增加，在国内外双重压力下，我国亟需改变传统的食物结构，树立大食物观，均衡主粮与其他食物的生产供应结构，最大限度地满足人民对食物多样性的消

图1-6　居民多元丰富的食物消费结构

费需求，切实保障国家食物安全。

食物与农业密不可分，大食物观的提法伴随着"大农业"而来。党的十八大以来，习近平总书记多次要求同时保障国家粮食安全和重要农产品供给，多次强调要转变观念，树立大农业观、大食物观。2015年中央农村工作会议首次提出了"树立大农业、大食物观念"，2016年中央一号文件写入"树立大食物观"，逐步推动农业供给侧结构性改革，以满足人民日益多元化的食物消费需求。自此，每年中央一号文件都会从大食物观出发，强调同时保障粮食安全和重要农产品供给。2022年，习近平总书记在看望参加全国政协十三届五次会议的农业界、社会福利和社会保障界委员时强调："要向森林要食物，向江河湖海要食物，向设施农业要食物，同时要从传统农作物和畜禽资源向更丰富的生物资源拓展，发展生物科技、生物产业，向植物动物微生物要热量、要蛋白。"不仅再次强调树立大食物观，更是指出强化科技支撑能力才是贯彻大食物观的根本出路。

"大食物观"的内涵

大食物观需要从耕地资源拓展到整个国土资源，依靠科技支撑，全方位多途径开发植物、动物、微生物食物资源，开发丰富多样的食物品种，实现各类食物供求平衡。大食物观进一步拓展了粮食安全内涵，为国家农业转型发展指明了新方向，为推进农业供给侧结构性改革奠定了基调。在践行大食物观的同时，应明确其本质，把握其重要原则。

其一，大食物观的前提是粮食安全。守住国家粮食安全底线是贯

表 1-1   大食物观的丰富发展与重要举措

1992 年	习近平在《摆脱贫困》一书中提出"现在讲的粮食即食物,大粮食观念替代了以粮为纲的旧观念"。
2015 年	中央农村工作会议,首次提出"树立大农业、大食物观念"。
2016 年	中央一号文件《关于落实发展新理念加快农业现代化实现全面小康目标的若干意见》提出:"树立大食物观,面向整个国土资源,全方位多途径开发食物资源,满足日益多元化的食物消费需求。"
2017 年	习近平在中央农村工作会议上指出:"老百姓的食物需求更加多样化了,这就要求我们转变观念,树立大农业观、大食物观,向耕地草原森林海洋、向植物动物微生物要热量、要蛋白,全方位多途径开发食物资源。"
2018 年	中央一号文件《关于实施乡村振兴战略的意见》提出要"加快发展现代农作物、畜禽、水产、林木种业""优化养殖业空间布局,大力发展绿色生态健康养殖,做大做强民族奶业。统筹海洋渔业资源开发,科学布局近远海养殖和远洋渔业,建设现代化海洋牧场"。
2019 年	中央一号文件《关于坚持农业农村优先发展做好"三农"工作的若干意见》提出:"调整优化农业结构。……合理调整粮经饲结构……合理确定内陆水域养殖规模。""将稻谷、小麦作为必保品种,稳定玉米生产,确保谷物基本自给、口粮绝对安全。……在提质增效基础上,巩固棉花、油料、糖料、天然橡胶生产能力。"
2020 年	中央一号文件《关于抓好"三农"领域重点工作确保如期实现全面小康的意见》提出保障重要农产品有效供给和促进农民持续增收。"确保粮食安全始终是治国理政的头等大事。……以北农牧交错带为重点扩大粮改饲规模。""支持奶业、禽类、牛羊等生产,引导优化肉类消费结构。推进水产绿色健康养殖。"
2021 年	中央一号文件《关于全面推进乡村振兴加快农业农村现代化的意见》提出:"提升粮食和重要农产品供给保障能力。……深入实施重要农产品保障战略,完善粮食安全省长责任制和菜篮子市长负责制,确保粮、棉、油、糖、肉等供给安全。"
2022 年	中央一号文件《关于做好 2022 年全面推进乡村振兴重点工作的意见》提出要"全力抓好粮食生产和重要农产品供给""大力实施大豆和油料产能提升工程""保障菜篮子产品供给"。
2022 年	习近平在参加全国政协十三届五次会议的农业界、社会福利和社会保障界联组会议时提出:"要树立大食物观,从更好满足人民美好生活需要出发,掌握人民群众食物结构变化趋势,在确保粮食供给的同时,保障肉类、蔬菜、水果、水产品等各类食物有效供给,缺了哪样也不行。"

彻大食物观的首要任务。2013 年，习近平总书记在中央农村工作会议上指出："我们的饭碗应该主要装中国粮。立足国内基本解决我国人民吃饭问题，是由我国基本国情决定的，也是我们一以贯之的大政方针。一个国家只有立足粮食基本自给，才能掌握粮食安全主动权，进而才能掌控经济社会发展这个大局。靠别人解决吃饭问题是靠不住的。如果口粮依赖进口，我们就会被别人牵着鼻子走。"从食物需求来看，人类只有吃饱肚子，才能追求吃得好、吃得健康。没有口粮的绝对安全供给，推进大食物观就是"空中楼阁"。在贯彻落实大食物观的同时，必须要把保障粮食安全作为首要任务，坚决遏制耕地"非农化"、基本农田"非粮化"，在牢牢守住 18 亿亩耕地的基础上，拓展多元化的食物资源。

其二，大食物观的基础是保护生态环境。实现环境可持续发展是落实大食物观的前提基础。2022 年 3 月，习近平总书记在看望农业界、社会保障和社会福利界政协委员时指出："要在保护好生态环境的前提下，从耕地资源向整个国土资源拓展，宜粮则粮、宜经则经、宜牧则牧、宜渔则渔、宜林则林，形成同市场需求相适应、同资源环境承载力相匹配的现代农业生产结构和区域布局。"山水林田湖草各要素在生态过程中相互影响和制约，是不可分割的整体，贯彻大食物观必须遵循生态平衡，避免过度开发，在严格坚持生态保护红线的基础上，适度开发食物资源。2019 年中央一号文件就指出要"统筹推进山水林田湖草系统治理，推动农业农村绿色发展"。中国科学院 A 类战略性先导科技专项"创建生态草牧业科技体系"就是解决制约我国草牧业发展的核心科技问题，用科技支撑保障国家大粮食安全和生态安全。

图 1-7　智能化设施农业

　　其三，大食物观的支撑是科学技术。科学技术是贯彻大食物观的重要手段。解决吃饭问题，根本出路在科技。发展大食物观，向植物动物微生物要热量、要蛋白，更离不开科技支撑。以生物技术和信息技术为特征的新一轮农业科技革命正在孕育大的突破，我们必须抢占农业科技制高点。一是提升耕地质量，建立完善新时期高标准农田建设标准，保护、稳定高产田生产能力，因地制宜拓展中低产田生产能力，包括盐碱地、后备耕地等。中国农科院启动"沃田科技行动"，聚焦我国东北黑土地、北方旱地、南方水田、南方旱地、盐碱地、设施农地和后备耕地"七块地"的关键问题，实现地力提升。二是加强拓展农业资源空间，实现农业生产方式多元化。统筹发展林牧渔业，突破山水林田湖草沙不同场景下健康食物资源的挖掘利用技术，将大自然的馈赠转化为大食物的来源。要深入发展海洋牧场、戈壁农业等。

三是创新食物种类与生产方式。要加强人工合成和生物合成等技术突破，发展生物制造产业。四是深入研究人类膳食营养。一方面，全方位、多途径开发食物资源，开发丰富多样的食物品种，实现各类食物供求平衡，更好满足人民群众日益多元化的食物消费需求。另一方面，制定针对性的消费引导和营养干预政策，在全社会积极引导并树立食物消费新观念，推动居民膳食结构优化与升级，以此促进农业生产结构调整。

中国大食物观的未来展望

自 20 世纪 90 年代以来，国务院先后颁布实施了 3 部食物营养纲要，分别为《九十年代中国食物结构改革与发展纲要》《中国食物与营养发展纲要（2001—2010 年）》《中国食物与营养发展纲要（2014—2020 年）》，明确了不同阶段的食物营养发展目标，制定了一系列科学标准，为保障食物供给、优化食物结构、促进居民营养均衡发挥了很大的作用，提升了大家的生活幸福指数。相关部门正在编制《中国食物与营养发展纲要（2021—2035 年）》，该纲要以满足城乡居民日益增长的美好生活需要为目标，提出了可持续食物系统和营养改善的总体要求、发展目标、重点任务与保障措施，为推动我国农业和食物生产、促进居民膳食健康创造了良好的政策环境。

2022 年 5 月 10 日，国家发改委印发了《"十四五"生物经济发展规划》，将优先发展医疗健康、食品消费、绿色低碳、生物安全四大重点领域，明确提出：推动生物农业产业发展。在尊重科学、严格监管、依法依规、确保安全的前提下，有序推动生物育种等领域产业化应用，保障粮食、肉蛋奶、油料等重要农产品供给；发展合成生物学技术，探索研发"人造蛋白"等新型食品，实现食品工业迭代升级，降低传统养殖业带来的环境资源压力。这为未来农业的发展走向和拓展食物资源空间指出了一条发展路径。未来食品的营养多元化能满足人民对食品消费更高层次的期待和享受。它的主要任务是解决食物的供给和质量、食品安全和营养、饮食方式和精神享受这三大课题，其技术基础包括合成生物学、纳米技术、人工智能等，是"3T"［即食品技术（FT）、生物技术（BT）、信息技术（IT）］融合的高技术产品[1]，具备明显的学科交叉特点。首先，未来食品的生产模式可能会改变，会通过生物技术和人工智能等构建生物工厂，生产淀粉、肉等食物，通过生产流水线提升生物生产效率、降低生产成本。其次，未来食品更加关注人类健康。有研究发现，如果将生活中摄入动物蛋白的 3% 替换成植物蛋白，可显著降低全因死亡（一定时期内各种原因导致的总死亡）风险以及心血管疾病死亡风险。最后，未来食品也将保护生态环境。生物工厂的食品生产将会减小生态环境压力；同时，通过植物、微生物获取蛋白比通过动物获取肉蛋白要更高效、更可持续。"发展生物科技、生物产业，向动物植物微生物要热量、要蛋白"，为未来食品的安全高效、可持续生产提供了重要的方法。

　　基于多学科的交叉融合发展，大食物观的推进将会有无限美好的未来。目前我们无法准确预测未来食品会是什么样子，但可以确定的是，未来食品的基础必将遵循国家一直推行的大食物观理念，沿着可

---

[1] 焦宏,李丽颖,杨瑞雪：《践行大食物观，让"中国饭碗"更稳更健康》,《农民日报》,2022 年 8 月 11 日。

图 1-8　螺旋藻藻粉——向微生物要能量

持续长效发展的道路，为人民健康和美好生活提供保障，守护中国人民"舌尖上的美味和安全"。

小 结

　　国民在不同阶段的食物营养需求不同，国家也因时制宜地制定了一系列政策和科学标准，创新发展"大食物观"，构建了多元化食物供给体系，强基固本，丰富食物来源渠道，更加牢牢端稳了"中国饭碗"，保障了国民日益多元化的食物消费需求，提升了居民的生活幸福指数。在党和国家的科学规划下，我们向耕地草原森林海洋、向植物动物微生物要热量、要蛋白，确保食物来源更广泛，未来食品更加多元和丰富，确保中国人的饭碗牢牢端在自己手里，让国民吃得更健康。

解读我国粮食安全面临的挑战与对策

观点

　　粮食安全是国家安全的重要基础、国民生活的基本条件，维护粮食安全对于国家经济发展、政治保障以及社会秩序的维护都具有重要的意义。在全球粮食局势趋于紧张的背景下，中国粮食安全面临国际和国内双重挑战。中国必须坚持落实"藏粮于地、藏粮于技"的粮食安全总体战略，严格执行耕地保护制度，构建多元化食物供给体系，强化农业科技和装备支撑，确保中国人的饭碗牢牢端在自己手中。

当前我国粮食安全的形势

　　党的十八大以来，我国确立了"以我为主、立足国内、确保产能、适度进口、科技支撑"的国家粮食安全战略，走出了一条中国特色粮食安全之路，为世界贡献了中国智慧和中国方案。

1. 粮食产量稳步提升，谷物供应基本自给

第一，总产量连上新台阶。2010 年我国粮食总产量突破 5.5 亿吨，2012 年超过 6 亿吨。2021 年达到 6.83 亿吨，连续多年超过 6.5 亿吨，口粮储备长期保持在 70% 以上。[①]第二，单产显著提高。2010 年平均每亩粮食产量突破 333 公斤，2021 年达到每亩 387 公斤，比 2010 年提高了 16.2%。第三，人均占有量稳定在世界粮食安全线以上。1949 年新中国成立时人均粮食占有量只有 209 公斤，2021 年已达到 483 公斤。总体上我国稻谷和小麦产需平衡有余，口粮供给充裕。

2. 饲料粮和工业用粮需求显著增加

随着居民生活水平提高，膳食结构已经由"以粮为主"向"以肉、禽、蛋、奶为主"转变，人均肉、禽、蛋以及奶类食品消费量增长显著，导致饲料粮缺口扩大。在此背景下，我国每年都从欧美进口大量大豆、玉米，以满足肉蛋奶消耗。从 2015 年起，我国大豆年进口量就稳居 8000 万吨以上，其中 2021 年进口量达 9653 万吨，2020 年甚至超过了 1 亿吨。从 2018 年到 2021 年，我国玉米进口量跨越式增长，4 年间分别进口 352 万吨、479 万吨、1130 万吨、2835.72 万吨，乌克兰和美国为我国前两大玉米进口来源国家，合计占比 94% 以上。此外，玉米深加工产能扩张带动玉米工业需求明显增加，玉米供需从阶段性过剩向供给偏紧转变，我国通过进口玉米平衡国内供给缺口。

3. 居民膳食品种丰富多样，营养水平不断改善

第一，膳食品种丰富多样。据国家统计局数据显示，2020 年，我

---

① 韩杨：《从维护国家安全高度保障粮食安全》，光明网，2022 年 6 月 27 日。

国油料、猪牛羊肉、水产品、牛奶、蔬菜和水果的人均占有量分别为25.4公斤、37.4公斤、46.4公斤、24.4公斤、530.5公斤和203.3公斤，比1995年分别增加6.7公斤、10公斤、25.5公斤、19.6公斤、318.3公斤和168.5公斤，分别增长36%、36%、122%、408%、150%和484%。居民人均占有动物性食品、木本食物及蔬菜、瓜果等非粮食食物增加，食物来源更加多样，饮食更加健康。第二，营养水平不断改善。我国居民平均每标准人日能量摄入量2172千卡，蛋白质65克，脂肪80克，碳水化合物301克。城乡居民膳食能量得到充足供给，蛋白质、脂肪、碳水化合物三大营养素供能充足，碳水化合物供能比下降，脂肪供能比上升，优质蛋白质摄入增加。

我国粮食安全面临的挑战

1. 中国依然是粮食进口大国，特别是饲料粮国际依存度较高

我国进口饲料粮风险隐患大。国内饲料粮需求增加导致了进口粮的持续扩大。2010—2020年，我国每年饲料粮中需要豆粕类约0.7亿吨，但同期我国大豆产量仅约0.1亿吨；菜籽粕、棉籽粕等产量约0.2亿吨，合计不足实际需求量的一半。2015—2020年，我国饲料粮所需大豆及饼粕中，70%来源于国外进口。2021年，我国进口大豆9652万吨，大豆消费的对外依存度高达83%；进口玉米2835万吨，同比增长152.2%，主要用作饲料粮；进口高粱、大麦同比增加96%、55%，主要用途是替代受进口配额限制的玉米用作饲料粮。2021年，我国进口肉类938万吨、各类乳制品389.73万吨，如果不直接进口

畜产品，饲料粮缺口会更大。然而，国际局势日趋复杂，国际市场存在极大的不确定性，国际食品价格在一段时间内将在高位运行，这将直接影响我国粮食供给与农产品贸易结构，对我国国内食物稳定供给造成一定影响。

2. 全球粮食安全治理负担日益加重，同时也给我国粮食安全造成了较大威胁

近年来，气候变化、新冠疫情、俄乌冲突的复杂系统性危机给全球经济社会带来了叠加冲击，中国的粮食安全面临国内生产和国际贸易的双重压力。

从粮食的国内生产上看，随着全球气候变化不断加剧，我国干旱、洪涝、高温热浪和低温冷害等极端气候事件增多增强，气候风险水平逐渐上升，粮食生产面临的不确定性日益增加。研究显示，气温每升高 0.1℃，中国的三大粮食作物单产就会下降约 2.6%。[1]自 2022 年 6 月以来，华北等地持续高温，影响了夏玉米、夏大豆适时播种和出苗生长，南方多地则出现多轮强降雨，不利于水稻、玉米、棉花、露地蔬菜和经济林果等生长发育，早稻生育进程有所推迟。[2]从农资进口来看，俄罗斯是世界上主要的化肥供应国之一，化肥价格也因俄乌冲突影响不断高涨。国家发改委价格监测中心数据显示，2022 年一季度中国尿素、复合肥的平均出厂价同比分别上涨了 32% 和 43.64%，尤

---

[1] 数据来源：《可持续农食系统——实现中国粮食和气候安全目标》，中国环境与发展合作国际委员会，2021。
[2]《北方高温！南方暴雨！对"三夏"生产影响几何？》，中国新闻网，2022 年 6 月 25 日。

以钾肥最为显著。[1]4月上旬，进口氯化钾的销售价和国产氯化钾的送到价格同比分别上涨了102.72%和65.40%，对粮食产量与成本造成直接影响。从粮食的国际贸易上看，新冠疫情的持续蔓延和俄乌冲突的爆发，全球粮食种植和收割、物流运输等环节运转不畅，致使世界粮食价格在2022年3月大幅攀升，达到历史最高水平，小麦价格上涨超过30%。在普遍性的通货膨胀压力下，全球对粮食出口实施限制的国家数量增加了25%，总数超过35个国家，进一步加剧了全球粮食供应紧张。此外，我国饲料粮进口国的集中度高、风险大，进口玉米几乎全部来自乌克兰和美国；进口大豆三大市场为美国、巴西和阿根廷，市场集中度达94%；进口大麦主要来自乌克兰、加拿大、法国和澳大利亚，市场集中度达93.3%；进口高粱几乎全部来自美国、阿根廷、澳大利亚三大市场。这种局面不仅威胁国家粮食安全，且成为某些国家制约我国发展的"经济武器"。

3. 我国农业科技领域还存在不少"卡脖子"难题，亟待攻关突破

当前，我国农业科技整体实力进入世界前列，农业科技进步贡献率超过61%，整体上形成了少量领跑、多数并跑和跟跑的农业科技基本格局。农业科技已成为引领农业现代化的强劲引擎。不过，看到成绩的同时，也要看到我国农业科技领域还存在不少"卡脖子"难题。目前我国部分种子对外依赖度高，粮食作物单产水平进入徘徊期，我国水稻、小麦、玉米、大豆单产水平仅为先进国家的63%、65%、54%、52%左右；我国生猪、蛋鸡等畜禽养殖量世界第一，但遗传

---

[1] 数据来源：《农产品供需形势分析月报》，中华人民共和国农业农村部网站。

育种核心种源 80% 依赖进口，部分核心种源如白羽肉鸡种源曾长期 100% 依赖进口。而在大型农机方面，我国整机研发能力较弱，关键技术、核心零部件及高端农机装备严重依赖进口，高端市场被进口农机垄断；我国尤其缺乏定位变量、智能控制、农机农艺配套和联合复式作业机具；一些地区农业面源污染、耕地重金属污染严重，农业资源环境、废弃物循环利用等技术储备不足，亟需技术创新。此外，部分核心技术领域面临国外封锁与打压。2018 年 11 月，美国商务部发布对华出口技术管制清单，罗列了包括生物技术、人工智能和机器学习在内的 14 大门类的先进技术；2021 年 4 月，日本施行《新种苗木法》，严防日本农作物的种子和种苗进入中国，涉及品种 1975 个。突破国外对我们的科技封锁，其根本途径不能靠国外、靠进口，只能靠自主创新，靠高水平农业科技自立自强。

我国粮食安全的保障对策

1. 加强耕地保护与质量建设，牢牢守住 18 亿亩耕地红线

一是要加强高标准农田建设，同时要加大中低产田改造力度，提升耕地的地力等级。党的十八大以来，我国累计建成 9 亿亩高标准农田，平均每亩粮食产能增加 10% ～ 20%。按照规划，到 2030 年将建成集中连片、旱涝保收、节水高效、稳产高产、生态友好的高标准农田 12 亿亩，改造提升 2.8 亿亩，稳定保障 1.2 万亿斤以上粮食产能。二是要抓黑土地的保护，深入推进国家黑土地保护工程，实施黑土地保护性耕作 8000 万亩。2021 年 7 月，中国科学院启动了"黑土粮仓"

科技会战，这是继"黄淮海"农业科技会战后，中国科学院联合黑吉辽蒙三省一区，启动实施的又一次农业科技大会战。实施一年以来，取得了重要进展和阶段性成效，在7个示范区建立了空天地一体化监测与感知系统，创建了"地理学＋大数据＋现代农业"的"黑土粮仓"全域定制模式，我国自主研发的400马力新能源智能农机下线，可实现耕种管收全程无人化作业。三是要积极挖掘潜在耕地资源，向盐碱地、边际土地要耕地。我国是世界上土地盐碱化较为严重的国家之一，全国共有盐碱地及相关边际性土地15亿亩。近年来，山东东营构建盐碱地"草-牧-园"滨海盐碱地现代生态农业模式，通过盐碱地牧草种植选育，改善盐碱地基础地力，土壤含盐量由种植前11‰下降为2.6‰，土壤有机质提高25%左右，速效氮磷钾养分提升50%以上，有效实现了盐碱地改良治理。四是要大力发展设施农业，破解耕地、光热等资源的约束。中国科学院植物所和福建三安集团通过院企合作成立的全球最大的"植物工厂"，利用计算机智能系统，模拟出对最适合植物生长发育的温度、湿度、光照、二氧化碳浓度以及营养液等环境条件进行自动控制的"植物高效生产系统"，被视作设施农业的最高级发展阶段，目前筛选出的十多种水培蔬菜已实现了产业化，每天可供应绿色无污染的高品质蔬菜1.5吨。

2. 加强农业科技创新，走好农业强国之路

保障粮食安全的核心是得解决"种什么""怎么种"的问题。一要持续加强种业关键核心技术攻关。提前布局设计育种技术，选育推广高产、优质、多抗、广适、资源高效利用、具有自主知识产权的农作物新品种，推动品种培优、品质提升、品牌打造和标准化生产，打

好种业翻身仗。二要持续加强智慧农业建设。以数字化、网络化、智能化为主攻方向，加大农机智能制造、农业物联网、传感器等智能设备研发和投入，提升农业生产智能化水平。推动互联网、大数据、人工智能、区块链、5G、北斗导航、卫星遥感等现代信息技术加快向田间地头延伸，确保其在监测预警、防灾减灾、疫病防控、精准作业、产销对接、质量安全监管、绿色储粮等方面见到实效。三要在推动科技创新的同时落实机制保障。持续完善科技支撑粮食安全长效机制，保障农业科技研发投入，落实农业知识产权保护制度，加快科技成果转化，提升我国农业科技竞争力。

3. 树立大食物观，构建多元化食物供给体系

一是拓展空间，从现有的耕地空间向整个国土空间拓展，包括海洋、草原和森林。海洋牧场作为一种海洋经济新业态，既能养护渔业资源，又能修复生态环境。截至目前，国家级海洋牧场示范区已达153个，覆盖渤海、黄海、东海和南海，已投放人工鱼礁2177万立方米，平均每年可增加约22万吨渔获量，保守估计现有国家级海洋牧场示范区每年带来经济效益近65亿元，已成为拉动地方经济增长的重要引擎。在大食物观下，种饲草就是种粮食。在保障口粮安全的前提下，利用退耕还草地、盐碱地等中低产田、南方草山草坡等边际土地发展饲草生产有巨大潜力。据测算，利用我国北方退耕还草地和南方可利用的草山草坡发展人工草地，再加上农区低产田实行轮作制以及农闲田，依据当前我国种植较多的牧草种类和平均产量计算，每年可增加牧草产量达7.14亿吨。按照牧草:粮食=3:1的比例折算，相当于新增饲料粮2.38亿吨。

图 1-9　海洋牧场

图 1-10　草原畜牧业

二是拓展资源，从传统资源拓展到植物、动物，特别是微生物等新型的食物资源。新型植物基食品可以有效缓解动物性食品生产导致的资源、环境、健康等方面的压力，其生产加工过程比动物蛋白食品更加绿色环保。从营养上看，植物奶没有牛奶蛋白过敏、乳糖不耐受问题，且具有低热量、低脂肪、高膳食纤维等优点，原味豆奶的蛋白质含量达到 3.5 克 /10 毫升，蛋白质含量可以媲美牛奶。

三是拓展产业，全方位多途径地拓展食物资源的来源和品种，开发新型的食物产业。如随着素食主义、环保主义崛起，高蛋白、低脂肪、低胆固醇、节能环保的"人造肉"正在悄悄走进人们的生活，成为不少人眼中健康环保食品的代名词。将酵母蛋白与植物蛋白等替代蛋白复配应用到火腿肠、素肉等产品中，不仅可以改善肉制品的质构和风味，还可以弥补植物蛋白缺乏部分人体必需氨基酸（蛋氨酸、赖氨酸）的不足，提高素肉产品的营养价值。

小 结

保障我国粮食安全是一项系统工程，我们要时刻谨记"把中国人的饭碗牢牢端在自己手中"，守住粮食安全底线，在政策和法律上加大耕地与环境保护，优化农业种植结构，同时也需要依靠科技支撑突破资源环境约束，继续提高粮食和不同作物的单产水平及生产效率，改善农业基础设施条件，提升综合生产能力，推进粮食生产标准化、信息化和社会化服务专业化。

第二章

擦亮农业精神遗产的"金字招牌"

1949 年，中华人民共和国成立，中国农业科技发展开启了新的历史篇章。在中国共产党的英明领导下，在一代代农业科技工作者的共同努力下，我国农业科技发展面貌发生了"从小到大、从弱到强"的历史性变化。从 1949 年到改革开放前夕，我国的粮食产量从 1.13 亿吨增加到 1978 年的 3.05 亿吨，平均每公顷的粮食产量从 1029 公斤增加到 2527 公斤，人均粮食占有量从 209 公斤增加到 317 公斤，基本解决了中国人民的吃饭问题。

新中国成立初期，通过土地改革运动，实现了"耕者有其田"，让田地从地主富农手中分配到劳动人民手中。这一措施极大地激发了农民生产积极性，解放了农村生产力，为农业经济恢复发展创造了首要条件。1953 年 2 月，中国共产党通过了《关于农业生产互助合作的决议》，最终确立了现在开始逐步向集体化过渡的思想。一直到改革开放前，我国农村都采用农业合作化和集体化的组织生产模式。

为了更好地统筹指导全国农业生产工作，党中央提出具有历史性的农业"八字宪法"，并以此为指导和提纲，开展了一系列大刀阔斧的行动，不但使战争中荒废了的土地迅速得到复耕，而且在"谁开谁有"政策鼓励下，耕地面积迅速扩大。同时，军队参加生产建设也极大地推动了耕地资源数量的增长。

据学者统计，从新中国成立到改革开放 30 年间，我国的耕地面积大约增加了 5 亿亩。[①]在农田水利方面，全国共建成水库 8.45 万座，修建万亩以上的灌区 5200 多处[②]，极大地完善了我国农业生产的水利基础设施。与此同时，毛泽东同志还开创性地提出"农业的根本出路在于机械化"这一历史性论断，为新中国的农机事业开创了春天。

进入 21 世纪后，党中央坚持"多予、少取、放活"的方针，不断加强支农惠农政策，彻底取消农业税和农业特产税，终结了延续 2600 多年农民种田交税的历史，对种粮农民进行"四补贴"(直接补贴、良种补贴、农机具购置补贴和农资综合补贴)，对主要粮食品种实行保护价收购政策，使得农业生产持续稳步增长。

1978 年全国粮食总产量仅有 6000 多亿斤，1984 年达到 8000 多亿斤，到 1993 年，全国粮食总产量突破 9000 亿斤。2012 年我国粮食总产量首次突破 12000 亿斤大关，粮食综合生产能力跃上新台阶，人均粮食产量达到 452.10 公斤，大大超过了国际公认的粮食安全线。[③]

在以农田水利为重点的农业基础设施建设方面，国家持续投入。据水利部统计，1978 年我国耕地灌溉面积近

① 封志明,刘宝勤,杨艳昭:《中国耕地资源数量变化的趋势分析与数据重建:1949~2003》,《自然资源学报》,2005 年第 1 期。
② 谢永刚:《新中国 70 年治水的成就、方针、策略演变及未来取向》,《当代经济研究》,2019 年第 9 期。
③ 2007—2017 年全国粮、棉、油、糖播种面积和产量及畜牧业、水产品产量均根据第三次全国农业普查结果进行了修订。

7亿亩，2012年增加到9.4亿亩，增长39.0%。

在农业机械化方面，特别是在2004年《中华人民共和国农业机械化促进法》颁布之后，我国农业机械水平快速提升，生产效率显著提高。截至2012年底，全国共有大中型拖拉机485万台，较1978年增长7.7倍，年均增长6.6%；联合收获机128万台，较1978年增长66.4倍，年均增长13.2%。大中型农业机械跨区作业蔚然兴起，解决了分散小农生产实现农业机械化的难题。

在"科学技术是第一生产力"的思想指导下，国家高度重视科技的重要作用，实施科教兴国战略，大力支持新品种、新肥料、新农药等先进农业技术的发展与应用。据农业农村部统计，2005年我国农业科技进步贡献率为48.0%，2012年达53.5%，提高了5.5%。

本章将从新中国成立以来农业发展的政策、成绩入手，提炼出"八字宪法""黄淮海战役"等精神遗产。

"八字宪法"永放光芒

观点

　　"土、肥、水、种、密、保、工、管"这农业"八字宪法"是在我国农业发展初期，党中央和毛主席提出的搞好农作物生产必须执行的八项措施。由于毛主席革命、科学认识路线强有力的指导，使得我国国民经济发展突飞猛进。在新时代我国农业现代化发展历程中，"八字宪法"也发展出了新内涵，并将持续科学地指导我国农业生产发展。

农业"八字宪法"的历史渊源

　　新中国成立后，党领导全国人民开展社会主义现代化建设，对建设什么样的现代化农业、怎样建设现代化农业进行了积极探索。1954年9月，周恩来在第一届全国人民代表大会第一次会议上所作的《政府工作报告》中就已经明确地提出了农业现代化的目标。为了更好地给全国农村合作社的农业生产做好指导，1955年11月间，毛泽东先后分别同 15 个省、市、自治区委领导和涉农干部共同讨论，最终提出了《农业十七条》，并于 1955 年 12 月 21 日在全国范围内征求意见。在吸纳了各地意见的基础上，中共中央政治局在 1956 年 1 月 23 日讨论通过了《一九五六年到一九六七年全国农业发展纲要（草案）》。在后续该纲要的执行过程中，纲要中增产部分的内容逐渐被总结为"八字宪法"。"八字宪法"在总结的过程中，具体内涵有所不同，直至 1958 年 12 月，党的八届六中全会通过的《中共中央关于一九五九年国民经济计划的决议》中，正式提出了"土（深耕、改良土壤）、肥（肥料）、水（水利）、种（改良种子）、密（密植）、保（植物保护、防治病虫害）、工（改良工具）、管（田间管理）"的农业"八字宪法"的说法，由此，农业"八字宪法"成为了我国农业生产过程

图 2-1　《人民日报》报道"八字宪法"

中的重要指导思想。①后来，毛泽东又经过思考和斟酌，将"八字宪法"调整顺序为"土、肥、水、种、密、保、管、工"，沿用至今。

农业"八字宪法"的现实意义

农业"八字宪法"的提出是在我国农业生产力发展还较为落后的时期，通过科学技术来指导农业生产发展的重要尝试，为当时我国的农业生产和增产起到了重要作用。

"土"是指通过深耕改良土壤。毛泽东认为深耕是提升土壤质量实现增产的关键因素，曾明确地表明农业"八字宪法"以"深耕为中心"，这也是"土"排在"八字宪法"首位的原因。

"肥"是指增施肥料、合理施肥。主要聚焦于提高化肥生产量，并且在化肥使用不足时想办法增产土化肥和农家肥。这一时期全国各地大量兴建化肥工厂，化肥施用量也从 1957 年的 37.3 万吨增加到 1979 年的 1086.3 万吨。

"水"是指发展水利、合理用水。我国水利设施在当时尚不发达，对农业生产带来了极大的不便，因此，当时提出的"水"主要是指大力发展水利设施，而实际上，从农业"八字宪法"提出开始，我国的水利设施建设也进入了一个高潮阶段。

"种"是指培育、繁殖和推广良种。毛泽东指出，"有了优良品种，

---

① 本节中，农业"八字宪法"的顺序，除了在党的八届六中全会通过的《中共中央关于一九五九年国民经济计划的决议》中的顺序是"土、肥、水、种、密、保、工、管"之外，其余部分均依"土、肥、水、种、密、保、管、工"。

即使不增加劳动力、肥力，也可以有较多的收成"。在党中央的领导下，我国对于良种引进、培育和推广做了大量的工作，催生了一大批主粮优良品种，提升了我国的粮食产量。

"密"是指农作物的合理密植。新中国成立前我国的传统农业播植稀疏，合理密植可以让植物充分地利用阳光和空气。但毛泽东认为，种植密度需要和当地种植作物、环境的实际情况相联系，进行科学的管理和指导。

"保"是指植物保护，防治病、虫、杂草的侵害。病虫草害对于作物能否高产丰收有着非常大的影响，在这一时期，全国兴建了大量的农药厂，为全国的农业生产工作保驾护航。

"管"是指加强田间管理，改善田间小气候。精细化的田间管理对于农作物的最终产量有着重要的影响。

"工"是指工具改革。值得一提的是，针对"工"这一领域，毛泽东提出了"农业的根本出路在于机械化"的著名论断，为我国的农业机械化吹响了号角。

农业"八字宪法"的内涵演变

当前，全球农业已经进入到以信息技术为核心驱动力的"第四次农业革命"阶段，基于信息技术实现对农业生产全过程的数据采集，结合机理模型对生产过程管理提供更为科学的管理方法已经成为可能，这些新变革"为农业插上科技的翅膀"。因此，在新时代，农业"八字宪法"的内涵也发生了变化。

"土":在农业"八字宪法"刚提出时,土的核心内涵是"深耕",直至现在,土壤的深耕深翻仍然对农业生产有着重要的作用,国家也针对深耕深翻提供了作业补贴支持。但是,随着农业科技的发展,尤其是随着土壤科学、作物栽培学的发展,人们对土壤的认识逐步得到了提高,因地种植,进行合理耕作,不断培肥和改良土壤,以达到既高产又稳产的目的,实现对土壤资源的高效和可持续利用,更是"土"所需要关注的重点。尤其近年来,我国发起了多次耕地和土壤普查,中国科学院等单位更发起了针对土壤耕地保护的"黑土地保护"科技攻关专项,探索土壤的用养结合新模式。

"肥":1957 年,我国的化肥产量刚刚突破 10 万吨,在当时的历史条件下,如何保证耕地有肥可用是解决"肥"的首要问题。当前,我国已经成为全球最大的化肥生产国,2019 年中国农用氮、磷、钾化肥产量达到 5731 万吨,无肥可用已经不是"肥"关注的核心问题,相反,解决化肥滥用引起的一系列问题才是"肥"要关注的重点。因而,新时代条件下"肥"要关注如何在保证产量的情况下,科学合理地实现各种肥料的使用。

"水":在"八字宪法"提出时,"水"的含义主要是解决灌溉基础设施的问题。经过几十年的快速发展,我国农业基础设施中的农业灌溉基础设施已经相对比较完善,"水"的需求已经变成如何更好地提供科学的灌溉,即合理灌溉、水土保持和高效用水等。要实现科学灌溉,首先要在灌溉方法上进行改进,经过多年的发展,灌溉方式已经发展出了地面灌溉、喷灌、微灌、地下灌溉等多种方式。另外,科学灌溉更要结合作物生长过程中的机理,结合土壤、气候条件,实现按需灌溉。这就要结合信息技术，实现对灌溉设备的远程自动控制。

"种"：培育、繁殖和推广良种一直都是"种"的核心内涵。在新时代，"种"的内涵没有太大变化，但在"种"的培育方式上，我国已经进入到分子育种的全新育种时代，如何培养出更加适合我国不同产区、不同土壤、不同气候条件下的丰富的优良品种，是解决粮食安全的重中之重。

"密"：原意是指农作物的合理密植。为了更好地保护土壤，更好地利用土地空间，我国因地制宜地发展了一大批轮作、套种的生产方式，极大地提升了单位土地的作物产量。在此基础上，我国将进一步打通种植业与畜牧业之间的通道，对资源能量进行回收利用，实现绿色种养循环。

"保"：之前主要是指采用人工喷洒农药等进行病虫草害的防治。随着农业科技的发展，如何减少农药施药量，采用更加安全的病虫草害防治方法，在不降低产量的情况下尽可能生产出高质量的绿色农产品，是目前的重要目标。我们应该大力发展更加智能、精准的植保系统与终端，提高这一工作的智能化水平。

"管"：原是指要加强田间综合管理，农业生产是一个复杂的系统工程，只有综合管理才能起到"一加一大于二"的作用。在新时代，"管"的内涵已经发展成为结合农业信息技术的综合数据采集，通过对农业生产全过程的数据分析，结合农业生产地区的作物、气候和土壤特点及资金、劳力等各种生产条件，统筹兼顾，对农场、种植大户等生产规模较大的生产单位，制定既切实可行又具有前瞻性的生产管理计划，在实现产量稳定的同时，降低劳动力的投入。

"工"：主要是指改良工具，发展工艺与农艺相结合的机具，实现农业生产机械化。我国目前已经成为全球农机第一生产大国，但在总体上，我国的农机水平在整体制造水平、关键零部件、智能化领域，尤其是信息化科学生产领域距离欧美国家仍然较大。因此，"工"要围绕农机的科学应用，大力发展满足智能化生产需求的智能农机。

图 2-2　农业"八字宪法"的内涵与拓展

小　结

　　在社会主义制度的保障下，新中国在全面贯彻"八字宪法"的20多年里极大地改善了农业生产的基本条件，全面营造了良好的农业生态环境，为农业持续的高产、稳产奠定了坚实的基础。"八字宪法"总结的内容在科技水平和生产力水平都大大提升的新时代仍然具有高度的指导意义，"八字宪法"永放光芒！

"耕地不用牛"时代开启

观点

"耕地不用牛"是我国农业现代化建设初期一句响亮的口号，它代表了我国农业生产迫切希望提高农业生产力的愿望，更是我国农业机械化起步的见证。

"农业的根本出路在于机械化"

农业机械是种植业、畜牧业、林业和渔业等生产应用过程中动力机械和作业机械的总称。农业机械包括农用动力机械、农田建设机械、土壤耕作机械、种植和施肥机械等。

2000年，美国工程技术界把"农业机械化"评为20世纪世界最伟大工程技术成就之一，列第7位。[①]这一评价客观地反映了农业机械在社会和经济发展中的重要地位。

---

① 仇方迎，王元晶：《20世纪世界最伟大工程技术成就20项》，《科技日报》，2000年10月9日。

表 2-1　20 世纪世界最伟大工程技术成就 20 项

序号	名称	序号	名称
1	电气化	2	汽车
3	飞机	4	供水和配水系统
5	电子器件	6	无线电和电视
7	农业机械化	8	计算机
9	电话	10	空调和制冷
11	高速公路	12	航天器
13	互联网	14	成像技术
15	家电	16	医疗技术
17	石油和石化技术	18	激光和光纤技术
19	核技术	20	高性能材料

　　我国农业机械化的发展起步于新中国成立，当时全国拥有的拖拉机只有 117 台。[①]1949 年 9 月 29 日颁布的《中国人民政治协商会议共同纲领》中就已经明确提出了"改良农具和种子"的目标。1950 年 5 月，在毛泽东的提议下，北京中南海院内举办了新式农具展览，展出了东北新式农具 14 件、华北马拉农具 21 件和苏联马拉农具 18 件，引起了党和国家领导人对农业机械化工作的高度重视。1954 年 10 月 10 日，中央农村工作部第四次互助合作会议提出了实现大规模农业机械化的目标。1955 年，毛泽东更提出了让农业"由使用畜力农具的小规模的经营跃进到使用机器的大规模的经营"的目标。1958 年，农业"八字宪法"正式提出。1959 年 4 月 29 日，毛泽东在《党内通信》中正式提出了"农业的根本出路在于机械化"的著名论断。1971 年第

---

① 农业部农业机械管理司，中国农业机械工业协会：《国内外农业机械化统计资料（1949—2004）》，中国农业科学技术出版社，2006。

二次全国农业机械化会议拟定了《全国农业机械化发展规划（草案）》，提出了到 1980 年我国农业机械化水平要达到 70% 以上的目标。

我国农业机械的早期发展

1953 年，我国开始实施国民经济发展的第一个五年计划，计划刚开始，党中央就认为拖拉机工业对我国农业机械化发展和提高农业生产效率意义重大，把洛阳第一拖拉机制造厂纳入了苏联援助中国的 156 个项目的骨干企业之一。1953 年 1 月 8 日，第一机械工业部提出了《拖拉机厂设计任务书》，同年 2 月成立筹备处，并于 1953 年 11

图 2-3　《人民日报》报道我国第一座拖拉机厂诞生过程

月27日与苏联签订建设合同,仅用1年时间就完成了拖拉机厂的设计工作,1954年10月1日工厂开始动工。1958年,全厂60%的设备安装完毕,部分设备已经开始调试和生产。1958年7月13日,第一台柴油发动机产出;1958年7月20日,我国通过引进苏联技术,以哈尔科夫拖拉机厂"德特-54型"为基础生产出"东方红-54型"金属履带式拖拉机,标志着我国开始进入农业机械化进程,正式宣告了"中国人民耕地不用牛的时代来临了"。值得注意的是,我国第一台拖拉机下线的时间比第一拖拉机制造厂正式建立落成的1959年11月1日早了1年零4个月。

同期还有1956年正式命名的生产"铁牛"牌拖拉机的天津拖拉

天津拖拉机制造厂
- 1956年成立
- 1958年生产出TT-240型轮式拖拉机,是我国第一台中型轮式拖拉机

长春拖拉机制造厂
- 1958年建厂,曾隶属国家农机部、八机部、一机部管理
- 1959年生产的"上游"牌拖拉机,参加了"新中国成立"10周年大典

上海拖拉机厂
- 1963年,丰收-35型拖拉机交七一农业机械修配厂改进试制
- 1965年12月28日通过市级技术鉴定,后经国家科委和八机部审查,于1966年初颁发了部级技术鉴定证书,同意成批投产
- 1965年8月,七一农机修配厂改名为七一拖拉机厂
- 1958年,第一台"红旗"牌拖拉机试制成功
- 1960年,上海农业机械厂改名为上海拖拉机制造厂

清江拖拉机厂
- 1965年,清江机器厂接受试制拖拉机的任务
- 1966年7月,清江市第一台拖拉机东方红-20型试制成功
- 1968—1969年,先后试制成功东方红-40、东风-45、东风-50等型拖拉机

图2-4 新中国成立初期我国主要拖拉机厂

机制造厂，1958 年建立的生产了"上游"牌拖拉机的长春拖拉机制造厂，1958 年生产了第一台"红旗"牌拖拉机的上海拖拉机厂，以及清江拖拉机厂等拖拉机厂。此外，我国第一台自走式联合收割机是 1963 年由开封收割机厂引进苏联技术生产的。到 1980 年，我国形成了年产农用拖拉机 13.85 万台、手扶拖拉机 35 万台、联合收割机6000 台的生产能力，产品门类初步完善。

农业机械化支持保障体系

在投入拖拉机建设的同时，新中国成立初期我国也非常重视农业机械的服务支撑。早在 1950 年 2 月，新中国第一个国营拖拉机站在辽宁省沈阳市成立，以此为标志，国家有计划地组建了农业机器拖拉机站、国营农场拖拉机队、新式农具技术推广站拖拉机工作队，成为新中国开展农业机械化生产的主要组织形式。

1951 年 1 月，农业部在农政司农具处成立农具试验鉴定组，专门从事农机具试验鉴定工作。1952 年 2 月 15 日，政务院《关于一九五二年农业生产的决定》指出，各大区、省在可能条件下均应建立农具制造厂，大量制造改良的新式农具。1952 年 5 月 10 日，中共中央转发《东北局关于推行农业合作化的决议（草案）》要求建立农具推广站与技术指导站，以此帮助全国农业生产合作社的发展。

1957 年 10 月 9 日，在党的八届三中全会上，邓小平提出了农业必须逐步机械化的目标，基于此目标，全国各地成立了适应我国农业生产特点的农业机械专门研究机构。在党的领导下，全国新建了一大批农业机械化管理机构，建设了大量的农机修造厂、农机化学校、研究所和拖拉机站，农机手也成为了时髦的职业。

图 2-5　第三套人民币 1 元纸币上的女拖拉机手梁军

小 结

　　我国在新中国成立初期就高度重视农机的发展，在极其困难的情况下，建立了以第一拖拉机制造厂为代表的一批拖拉机厂，并在全国探索建立了农机生产、销售、使用与服务的支撑体系。虽然受限于当时的历史条件和生产能力，在改革开放之前土拉机建设并未达到很高的农业生产机械化率，但为我国农机事业的发展奠定了坚实的基础，最终为"耕地不用牛"的时代点燃了星星之火。

"垦荒精神"薪火相传

观点

从新中国成立初期到改革开放前，无数中华儿女以千古荒原为纸，将一腔热血作墨，用智慧和汗水描绘出人类垦荒史上最为宏伟壮丽的画卷。他们在艰苦的岁月里，将一颗颗希望的种子播撒在广阔的田野间，用青春和热血滋养着每一寸土地。尽管大面积的无差别垦荒政策对自然生态环境造成负面影响，随着农业科技水平的提高逐渐退出历史舞台，但是"艰苦创业、奋发图强、无私奉献、开拓创新"的垦荒精神将世世代代永远流传。

"开荒拓土"的内涵

开荒拓土，一般指对未被利用的荒地进行开垦和改造，使之转变为适于耕种的农田的过程。荒地的种类主要有两种，即从未开垦的生荒地和曾经开垦种植而后由于各种原因废弃 3 年以上的熟荒地。

一般来讲，开荒拓土之前先要进行土地条件综合调查，荒地需要符合一定的条件才有开垦价值。我国适于开垦的荒地可分为以下三类：一是土质优良、地势适宜，不需要改良就可开垦的荒地；二是地势平缓、稍加改良即可开垦的荒地；三是指存在干旱、盐碱或地形地貌等方面的问题，复杂改良后方可开垦的荒地。

我国在新中国成立后主要通过两种方法开荒拓土：一是在边远地区针对大面积荒地建设国营农场，以大规模的机械化改良模式为特点。如黑龙江省的北大荒农场、新疆生产建设兵团和沿海地区农场群，都成为商品粮食和其他农畜产品主产区，对巩固国防、开发边疆、繁荣少数民族地区的经济和文化起了重大作用。二是对内地小片荒地，由群众自发或集体组织进行开垦利用。以军垦为代表的国营农场开荒拓土的面积在垦荒新增土地面积中的占比超过一半。

垦荒工作的开启

1955 年 7 月，毛泽东主席提出从 1956 年到 1967 年，国营农场耕地面积要在三个五年计划期间内，通过垦荒增加 4 亿至 5 亿亩，为国家提供更多的商品粮。为此，在国务院常务会议上，周恩来总理提出增设一个专门负责大规模垦荒造田、橡胶垦殖和垦荒移民的部门，统一管理全国的军垦和国营农场，并经毛泽东主席建议定名为农垦部，任命时任铁道兵司令员兼副总参谋长的王震同志为第一任部长。王震的特点是坚韧不拔、雷厉风行，特别能吃苦、能战斗。他一到农垦部上任，就大刀阔斧地开展工作。1958 年初，王震和总政治部以总政治部名义向各部队下发通知："经与农垦部商议，农垦部所属农场今年可以接受 6 万名军队转业的连排干部，2 万名班以下的工农骨干、青年知识分子学员，到国营农场参加农业生产建设。""由于东北地区国营农场所需人员数量很大，因此，凡去国营农场的连排干部，应尽量动员到东北地区国营农场，到黑龙江密山农垦局所属国营农场。"通知下达后，得到了全国成千上万转业、复员官兵的响应，从全国各地向北大荒进军。起先，王震坐镇北京，以农垦部部长、副总参谋长、铁道兵司令员多重身份，同军委各总部、各军种、各兵种打交道，研究组织接收 8 万多名官兵的方案，并通过铁道部调拨车辆，运送官兵北上。随后，王震赶往黑龙江密山火车站，到站台上代表农垦部和总政治部热烈欢迎全国成千上万的转业、复员官兵进军北大荒。

这是新中国垦荒史上的"淮海战役"，10 万垦荒大军在北大荒原野上齐头并进，郭沫若曾经发表长诗《向地球开战》，热情赞美这一雄伟壮举。

经过全体官兵和人民群众的昼夜奋战，全国先后建成了 2000 多个粮棉农场、100 多个橡胶农场，以及大量牧场，成为具有中国特色的一道雄伟、美丽的风景线。直到 20 世纪 80 年代初，中国实行改革开放政策后，联合国开发计划署的官员深入各垦区农场实地考察，我国官兵农垦的丰功伟绩才向世人公开，他们禁不住惊叹："由退伍军人组成的绿色开发部队，是中国的一个创造，创造的是一个历史的辉煌！"①如今的"北大荒"已成了"北大仓"，成为我国重要的主粮产区；

---

① 许人俊：《将军汇集农垦部》，《党史博览》，2019 年第 12 期。

如今的新疆戈壁滩，是我国最大的粮棉产区；如今的海南，已成为我国最大的橡胶产区。

　　与国家主导的军垦运动同时开展的，还有各地群众自发或有集体组织的民垦运动。1955年，大陈岛还是一片荒芜、凋敝的景象。"走路高低不平，夜里电灯不明，急事电话不灵，遇风航船常停，生活单调苦闷，环境艰苦冷清"，这段顺口溜，是垦荒队员当时生活的真实写照。青年垦荒队在技术经验匮乏、台风灾害频发的恶劣情况下，与驻岛部队一起克服种种困难，终于完成了番薯、马铃薯等各种作物的冬种、春播任务，还盖起了猪、兔、牛、羊畜牧场，植下了第一批果树苗。

　　经过5年的垦荒建设，到1960年7月，大陈岛新开垦土地1000多亩，作物产量是1956年的9倍，猪、兔、牛、羊等畜禽的饲养量是1956年的10倍多，渔业捕捞量是1956年的6倍，岛上蔬菜实现了自给自足。

　　大陈岛留下了一代垦荒人的青春与赤诚，一代青年用青春、汗水，甚至生命铸造了"艰苦创业、奋发图强、无私奉献，开拓创新"的大陈岛垦荒精神。在两代垦荒者的努力下，到2018年，大陈岛实现固定资产投资6亿元，实现渔业总产值7.4亿元、海水养殖产量8370吨，上岛旅游人数14.3万人、旅游总收入8000万元。①

---

① 李风，胡盛东，郭英姿：《大陈岛的光辉岁月》，中华人民共和国自然资源部网站。

"垦荒精神"永传承

20世纪50年代，新中国成立之初，举国上下一穷二白。在党的领导和指引下，团中央向全国青年发出"向荒山、荒地、荒滩进军"的呼吁，从而掀起了一场大规模的青年志愿垦荒运动，从一个侧面反映了一代青年人的奋斗历程，展现了他们积极向上、坚韧不拔的精神面貌。

在黑龙江垦区，原来的"北大荒"早已成为"北大仓"；在江西鄱阳湖畔，当年的沟岭滩涂拔地而起一座共青城；在浙江台州，荒凉的大陈岛成了今天的"东海明珠"，这是大陈岛的巨变，也是垦荒精神的缩影。

2006年，习近平同志专程到台州大陈岛考察，看望了岛上的老垦荒队员。他高度肯定了垦荒队员们用青春和汗水培育的"艰苦创业、奋发图强、无私奉献、开拓创新"的垦荒精神。到中央工作后，他又先后两次给老垦荒队员及其后代回信，嘱托要把垦荒精神传承好、弘扬好。

在垦荒的岁月里，一代垦荒人用他们的青春与赤诚，甚至生命铸造的垦荒精神，不是空泛抽象的概念，而是有着深刻的内涵及其内在逻辑关系的。

艰苦创业精神是根本，奋发图强精神是力量源泉，无私奉献精神是核心，开拓创新精神是方向，大陈岛精神全面反映了青年垦荒队员的群体风貌，展现了社会主义建设的感召力，闪耀着鲜明的时代光芒，在中国共产党的精神谱系中有着重要的历史地位。

小 结

　　垦荒运动已然走入历史，而以"北大荒精神"和"大陈岛精神"为代表的垦荒精神将在第二个百年奋斗目标新征程中继续发挥其强大的作用。垦荒精神是中国青年精神的代表和集中体现，它在培养时代新人中具有独特的青年教育价值。

"红旗渠精神" 历久弥新

观点

在大力发展农业现代化的今天，"红旗渠精神"是我们不断做出更大科技创新成果的重要力量源泉。在新的伟大征程上开拓奋进，从中国共产党人精神谱系中汲取不竭力量，保持"越是艰险越向前"的英雄气概，保持"敢教日月换新天"的昂扬斗志，埋头苦干、攻坚克难、团结一心，就一定能创造出令世界刮目相看的新奇迹，不断夺取全面建设社会主义现代化国家新胜利！

红旗渠的建设掠影

新中国成立初期，党和人民面临着严峻的考验。那时的中国千疮百孔，国贫民弱，水利设施寥寥无几。那时的农业，更是面临着水旱灾害肆虐的巨大挑战。全国多地洪灾泛滥，洪水席卷之处房屋倒塌、人员伤亡、良田作物尽毁，导致粮食大幅减产，遍地饥荒。而北方广大地区面临的则是干旱问题，降雨量少，土地得不到灌溉，作物大幅减产甚至颗粒无收。频繁的水旱灾害导致百姓处于水深火热之中，农业完全受制于自然，深陷靠天吃饭的困境。面对如此复杂严峻的形势，中国共产党高度重视，制定了一系列水利方针政策，并带领全国人民大力发展水利事业。这一举措促进了我国农业复苏，也保障了国民经济初步发展。

在众多水利建设项目中，红旗渠的修建可谓是人类改造自然、利用自然的史无前例的一大杰作。20世纪70年代，周恩来总理曾自豪地告诉国际友人："新中国有两大奇迹，一个是南京长江大桥，一个是林县红旗渠。"红旗渠是20世纪60年代林县人民在党的领导下，修建的一项大规模水利灌溉工程，原名"引漳入林"工程，后正式定名为"红旗渠"，也被称为"人工天河"。

河南林县（今林州市）自古以来水资源便极度匮乏。据史料记载，从明朝正统元年到新中国成立前，林县发生过30多次大旱绝收灾害，甚至发生过5次"人相食"（也就是人吃人）事件。几乎每个林县人都曾经历过极度缺水所带来的伤痛，修建红旗渠成为根植于每个林县人心中的梦想。

1959年，以县委书记杨贵为首的领导班子，作出了一项惊人决策——劈开太行山，将山西省境内的漳河水引入林县。在阵阵质疑声中，工程于1960年2月正式动工兴建。当时国家正处于困难时期，既然不能向国家伸手，那就自力更生。林县人民奋战在太行山悬崖峭壁之上，以"誓把山河重安排"的坚强决心，克服了粮食紧张、物资短缺、设备技术条件落后等种种困难，自己制造了大部分材料，苦战

10个春秋，参建人数近10万，先后有81位干部和群众献出了自己宝贵的生命（其中年龄最大的63岁，年龄最小的只有17岁）。他们削平了1250座山头，架设了151座渡槽，开凿了211个隧洞，修建了各种建筑物12408座，挖砌土石2225万立方米，建成了总长1500多公里的举世闻名的"人工天河"。

正是这些英雄儿女的无私奉献，才筑造了这一人间奇迹。这一壮举结束了林县十年九旱、水贵如油的苦难历史，54万亩耕地得到灌溉，亩产从100公斤提高到400公斤，被林县人民称为"生命渠""幸福渠"。

"红旗渠精神"永不过时

在这项由十万英雄儿女在党的领导下，靠着一锤、一铲、一双手铸造出来的伟大工程中，孕育出来的"自力更生、艰苦创业、团结协作、无私奉献"的"红旗渠精神"是中华各族人民宝贵的精神财富，是在大力发展农业现代化的今天持续激励我们努力奋斗，推动我们做出更大科技创新成果的重要力量源泉。

新中国成立以来，我国水利建设成就举世瞩目，仅在1974年完成的水利工程建设就包括丹江口水利枢纽一期工程、青铜峡水利枢纽工程和三门峡水电站工程。其中青铜峡水利枢纽工程自投入运行以来，充分发挥了拦河挡水、灌溉、防洪和发电综合效益作用。青铜峡水库建成后，灌溉面积不断扩大，这使得宁夏回族自治区粮食总产量由1968年的4.78亿公斤增长到11.3亿公斤，净增1.36倍。

图 2-6　红旗渠

　　精神之渠永不断流，"红旗渠精神"是我们党的性质和宗旨的集中体现，是奋进新时代的强大精神动力，是实现中华民族伟大复兴中国梦的精神路标。"红旗渠精神"将世代传承历久弥新，永不过时。

小　结

　　党的二十大后，习近平总书记的首次国内考察就来到了陕西延安、河南安阳两地。在这次考察中，习近平总书记强调要"发扬延安精神和红旗渠精神"，指出这两种精神是一脉相承的，是中华民族不可磨灭的历史记忆，永远震撼人心。鼓励年轻一代继承和发扬吃苦耐劳、自力更生、艰苦奋斗的精神，摒弃骄娇二气，像父辈一样把青春热血镌刻在历史的丰碑上。

"决战"黄淮海，打赢农科仗

观点

　　"科学成就离不开精神支撑。科学家精神是科技工作者在长期科学实践中积累的宝贵精神财富。"2020年9月，习近平总书记在科学家座谈会上发表重要讲话，希望广大科技工作者弘扬"两弹一星"精神，主动肩负起历史重任，把自己的科学追求融入建设社会主义现代化国家的伟大事业中去。而在我国农业战线上，也有一场辉煌的解决国家粮食自给自足的农业科技"黄淮海战役"。在这场战役中涌现的"黄淮海精神"是中国科学院人的宝贵精神财富，是我国科技工作者的重要精神源泉。

"黄淮海精神"的缘起

　　1978年我国实行农业生产家庭联产承包责任制，极大调动了农民进行农业生产的积极性，加上国家对农业的大范围扶持和投入，使得

74

粮食总产量在6年时间内从3亿吨快速增长到了4亿吨，是我国粮食增产最快的时期。然而，在1987年之后我国粮食总产值达到了瓶颈期，连续3年粮食总产量一直徘徊在4亿吨左右。在人口持续增长的情况下，粮食安全形势严峻。

中国科学院急国家所急，组织农业专家研究对策，将突破口聚焦在黄淮海地区的中低产田上。1987年7月，时任国务委员、国家科委主任宋健在各部委主管领导座谈会上，提出粮食增产的任务。时任中国科学院副院长的李振声接受了这项任务，中国科学院迅速组织农业方面的专家召开了农业专家会议，会议起草了一份名为《全国产粮万亿斤的潜力简析》报告，报告中指出在黄淮海地区有80%的土地为中低产田，专家调研后认为改造中低产田具有投资少、见效快、效益大的巨大优点，存在很大的增产潜力。

1988年1月15—18日，时任中国科学院院长、党组书记周光召在北京主持召开"黄淮海平原中低产地区综合治理开发工作会议"，组织中国科学院25个研究所的400多名科技人员投入山东省、河南省、河北省和安徽省4省的农业主战场，与地方政府及有关农业科技部门、单位合作，开展大范围的中低产田治理工作，涵盖盐碱地与沙地约1000万亩、涝洼地590万亩、砂浆黑土地560万亩。[①]

1988年2月22日，《人民日报》头版报道了中国科学院这场动员大会，并称之为农业科技"黄淮海战役"。1988年5月，时任国务

---

① 李振声：《"农业黄淮海战役"的成功经验及对当前商品粮基地建设的建议》，《中国科学院院刊》，2006年第19卷第1期。

院秘书长陈俊生视察中国科学院禹城综合试验站和"黄淮海战役""一片三洼"实验区,提出"你们创造了科研与生产相结合典范,为黄淮海中低产田改造和荒洼地开发治理提供了科技与生产相结合的宝贵经验";组织撰写报告《从禹城经验看黄淮海平原开发的路子》,报告中首次提出了"黄淮海精神"。1988年6月,李鹏总理观察了山东禹城试验区,标志着黄淮海平原农业综合开发拉开了序幕。

经过6年奋战,我国黄淮海地区粮食增产了2524万吨[1],占全国粮食总增量的一半,对改变我国粮食生产不足与人口快速增长不匹配

图2-7 中国科学院农业专家在黄淮海平原农业开发区调研

---

[1] 温瑾:《农业科技"黄淮海战役"》,湖南教育出版社,2012。

的局面起到重要的作用。"黄淮海战役"取得了 67 项重大科技成果，其中 2 项获国家科技进步奖，有 16 项达到国际水平、12 项填补国内空白。1993 年，"黄淮海平原中低产地区综合治理研究与开发"项目获国家科技进步奖特等奖。2006 年，李振声院士获得了国家最高科学技术奖。

"手中无典型，说话没人听"，这场多交叉领域融合的大规模农业科技攻关战役，为治沙、治碱、治涝贡献了成功经验，形成了一整套综合治理、切实可行的农业发展办法，充分发挥了科学技术是第一生产力的作用。

图 2-8　1988 年 2 月 22 日《人民日报》头版报道

"黄淮海精神"的内涵

"黄淮海精神"是几代中国科学院人扎根盐碱地，按科学规律办事，紧密结合生产实践开展科学研究的严谨求实的精神；是以熊毅为代表的科学家以国家需要为己任，将科研成果转化为生产力的担当精神；是迎难而上、敢于挑战"硬骨头"的开拓精神；是高度负责、集体作战的协作精神；是风里来雨里去、忘我工作、不怕困难的奉献精神。[①]

其一，30年扎根盐碱地，构筑坚实基础的严谨求实的精神。

早在20世纪五六十年代，中国科学院就已经对黄淮海平原地区盐碱地的治理展开了研究。1954年，时任中国科学院南京土壤研究所所长熊毅初步提出旱、涝、盐碱发生关系。1965年，中国科学院农业团队提出了治理区划的思想，并编制完成了《德州地区旱涝碱综合治理区划》。1986年，我国启动"'七五'国家科技攻关计划"，其中"黄淮海平原中低产地综合治理"项目由中国科学院负责，并以禹城、封丘、南皮3个试验区为基地。中国科学院研究团队针对不同洼地的实际情况，同时展开治理，提出了不同的土地综合治理模式，成为盐碱地治理的代表性技术。

30年中，中国科学院研究所的众多科研人员扎根基层，秉持严谨求实的工作态度，取得了一系列重要的理论成果和技术创新，奠定了中国科学院在国家提出粮食增产迫切需求时向中央请战的信心与决心基础。

---

① 曾艳，王竑晟，韩永滨，段瑞，孙命，文亚：《发扬农业科技"黄淮海精神"，为国家粮食安全保驾护航》，《中国科学院院刊》，2021年第36卷第10期。

其二，守初心、担使命的担当精神。

1951 年熊毅博士回国后，承担起了黄淮海平原综合治理和土壤盐碱化防治等重大任务。面对国家的需要，熊毅放弃了对自己"前程更好"的研究方向——土壤胶体学研究，扎根于黄淮海平原盐碱地治理30 多年，提出了统一规划，因地制宜，综合治理旱、涝、盐、碱的原则及"井灌井排"等治理措施，拓展了水稻土氧化还原的形成学说。为表彰其治理盐碱地的杰出贡献，1988 年，熊毅被国务院追授"黄淮海平原农业开发优秀科技人员"一级荣誉奖。2011 年是熊毅诞辰101 周年，河南省封丘县为熊毅树立铜像，以纪念他为黄淮海平原农业综合开发所作的突出贡献。

其三，不畏困难，敢啃"硬骨头"的开拓精神。

北丘洼有 2 万多亩地，重盐碱地有 4600 多亩，有 5 个大块，其余的土地也是中低产田。因此，"'七五'国家科技攻关任务"也将禹城的北丘洼列入了"一片三洼"的范围，并且属于治理难度最大、最难啃的"硬骨头"。1986 年开始，中国科学院地理研究所团队对北丘洼地区开始了综合治理科技攻关。经历了 3 年的碰壁，终于在 1989年 4 月，地理所团队首次进行了针对盐碱地的"强排强灌"配套技术的试验示范。曾经在春天能用手将盐碱捧起来的土地，在地方政府的大力配合下，经过综合治理之后，仅仅 20 多天就取得了良好的成效，第二年冬小麦亩产就达到 250 多千克[1]，实现了当年治理、当年开发、当年利用、当年见效的重大治理效果。

---

[1] 温瑾：《农业科技"黄淮海战役"》，湖南教育出版社，2019。

正是因为中国科学院团队在面临困难、面对挫折时一直秉持着这种开拓精神，才使北丘洼盐碱地从寸草不生转变为肥田沃土的"宝地"，为我国盐碱地治理体系提供了理论基础以及实践支撑。

其四，高度负责、集体作战的协作精神。

"黄淮海战役"启动后，中国科学院组织了土壤、地理、农业、气象、植物、遗传、微生物、湖泊、湿地、水产、化学、遥感、系统科学、计算技术等有关学科的数百名科技人员，在河南省、山东省、河北省等地方政府、科研单位的大力支持和密切协作下，进行了多学科、多部门、多层次的联合攻关。每个试验区都有 10 多个研究所长期开展工作。在禹城试验区，同时参加治理的有 22 个中国科学院的相关研究所，相关参与人员达 300 多人。各研究所团队人员精诚合作、融洽相处、互相学习、取长补短，最终将禹城示范区打造成为同类型地区治理的推广示范样板。这是中国科学院团队始终秉持高度负责的精神以及团队之间以攻克困难、解决问题为目标，以各学科交叉融合为路径，同舟共济、并肩战斗的结果。

其五，忘我工作、不怕困难的奉献精神。

1988 年，时任国务院秘书长陈俊生在《从禹城经验看黄淮海平原开发的路子》报告中写道："大家看到，来自兰州、南京、北京的中国科学院治理沙荒、涝洼、盐碱地的科研人员，在荒郊野外的沙滩上、鱼池旁、盐碱窝建房为家，辛苦工作，无不令人感叹敬佩。"

"一片三洼"的技术攻关队不仅要在技术层面攻克"无法可治"的瓶颈，还要在生活上进行长时间的"修炼"。辛店洼南京地理与湖泊研究所的退休工人胡文英同志，在爱人遭遇车祸之后仍然坚守在岗位。同样在所里工作的逄春浩同志半夜肠梗阻，只能骑 12 公里的自行车去乡下医院，就医未果，情急之下同事用驴车将他送去县城的医院进行了手术，病好后他立马回站上工作。

小 结

　　风雨多经志弥坚，关山初度路尤长。农业科技战线的"黄淮海精神"是中国科学院人的宝贵精神财富，是新时代下科技工作者应当追求的崇高精神品质。在农业科技高速发展的时代背景下，我们更要将"黄淮海精神"作为工作的精神动力，撸起袖子、甩开膀子、迈开步子，以实干、苦干加巧干，推动我国农业科技事业蒸蒸日上，蓬勃发展！

"小岗村大包干"农村改革第一枪

　　没有包产到户，农民就不能解决温饱问题，就没有后来工业和服务业的迅猛发展！随着承包制的推行，个人付出与收入成正比，农民生产的积极性得到了极大的释放，解放了农村生产力。在1978—1985年间，粮食产量增幅达到新中国成立以来的最高峰。包产到户重大体制改革解放了农村生产力，使中国农业发展跃过长期短缺的阶段，拉开了中国农村改革序幕，解决了亿万人民的温饱问题。

家庭联产承包责任制的概念

　　中国共产党十一届三中全会后，经济体制改革逐步展开。这一改革是在坚持社会主义制度的前提下，改革生产关系中不适应生产力发展的一系列环节，解放和发展社会生产力。中国的对内改革先从农村开始。1978年12月的一天夜里，安徽省凤阳县梨园公社小岗生产队的 18 户农民，在严宏昌的带领下，冒着坐牢的风险，含泪按下了红手印签订契约，实行"大包干"，集体分田，包产到户。1979 年是小岗村实行包产到户"大包干"后的第一年，生产队获得了大丰收，全年粮食生产量高达 66 吨，比之前增加了将近 40 吨。这一年，小岗村自农业合作化运动以来第一次有了充足的粮食向国家交公粮。

家庭联产承包责任制（俗称"包产到户"）是改革开放以来中国农村以来集体经济的基本经营方式，即在一定年限内将集体土地承包给农户经营，由集体与农户签订承包合同，规定农户应完成的纳税和提留任务，所余产品均归农户所有，适宜于统一经营的项目仍由集体统一经营。

家庭联产承包责任制的内涵

家庭联产承包责任制是在不改变土地公有制基础上，对农村集体土地的经营方式和劳动成果分配方式的改革，是一种公有土地家庭承包的土地制度。坚持集体土地所有制有利于农业生产的现代化发展。

邓小平多次强调，包产到户的总方向是发展集体经济，包产到户是社会主义制度下责任制的一种形式，没有剥削，没有违背集体所有的原则，可以调动人民的积极性，体现了按劳分配的社会主义原则，有利于发展社会主义经济，不是搞资本主义。[①] 1982 年中央一号文件明确指出：家庭联产承包责任制的个体农户的家庭经营是社会主义农

---

① 中共中央文献研究室：（《邓小平年谱（1975—1997）》（下），中央文献出版社，2004。

业经济的组成部分，是我国农村的主体经济形式，是组织规模不等、经营方式不同的集体经济，是一种多样化的社会主义农业经济结构。

我国农业生产责任制的演变

农业生产责任制是从我国小农经济的现实出发制定的有效的农业生产经营管理体制。它是农民群众的一次大胆实践，它的产生与不断发展，直接影响到我国农业劳动生产率的提高与社会稳定。

改革开放以来，我国确立了以家庭承包经营为基础、统分结合的双层经营体制，这是党在农村政策的基石。1983 年中共中央、国务院发出《关于实行政社分开，建立乡政府的通知》，废除了长达 25 年的人民公社体制。1984 年的中央一号文件还明确规定土地承包期一般应在 15 年以上。1986 年年初，全国超过 99.6% 的农户实行大包干。至此，家庭联产承包责任制在我国农村全面确立。

家庭联产承包责任制建立在土地公有制基础上，将原属于村集体或其他集体组织的土地长期承包给农户使用，建立了"包产到户、自负盈亏"的生产模式。家庭联产承包责任制形成的按劳分配，改变了人民公社体制下的平均主义分配方式，极大地调动了农民的生产积极性，解放了农村生产力。家庭联产承包责任制的实行，解放了农村的生产力，使中国农业进入了一个崭新的时代，充分体现出社会主义公有制的优越性。农业的发展也为国民经济的发展和改革开放的深入奠定了坚实的基础。由于农民积极性的内在推动，家庭承包经营，提高了农业生产率，促进了农业生产和农村经济的蓬勃发展，从而推动了中国农业的现代化。

从 1957 年到 1977 年，农业劳动力人均生产粮食由 1030 公斤下降到 962 公斤，减少 36.7%；到 1978 年，全国 550 多个生产队平均固定资产总额不足万元，有些甚至连简单的再生产都无法维持，农民在长达 20 年的时间里，人均收入仅增长了 60 元左右；从 1952 年到 1978 年，农业全要素生产率下降了 3.4%。中国的农业生产责任制从小岗村拉开序幕，全国实行包产到户或包干到户的生产队数量在 1980 年由年初的 1.1% 猛增到 20%，1983 年又猛增到 80%。1978—1984 年，农业总产值年均增长率达到 13.6%，1984 年我国粮食产量超过 40730 万吨，基本解决了温饱问题。[1]

表 2-2　1978—1984 年我国粮食增长情况[2]

年份	1978 年	1980 年	1981 年	1982 年	1983 年	1984 年
粮食 （单位：万吨）	30476.5	32055.5	32502	35450	38727.5	40730.5

1993 年 4 月，第八届全国人大代表会议对《中华人民共和国宪法》进行修正，将"家庭承包经营"明确写入宪法，使其成为一项基本国家经济制度，家庭联产承包责任制使农民生产的积极性大增，解放了农村生产力。家庭联产承包责任制的实行取消了人民公社，没有走土地私有化的道路，而是实行家庭联产承包为主，统分结合，双层经营，

---

[1] 刘奇：《四十年回眸看小岗》，《中国发展观察》，2019 年第 1 期。
[2] 中华人民共和国国家统计局：《中国农村统计年鉴》，中国统计出版社，1985。

既发挥了集体统一经营的优越性，使农民可以凭借其掌握的承包经营权在农业生产中获得收入，又将农民作为独立的核算单位去进行农业生产收入的分配，是适应我国农业特点和农村生产力发展水平以及管理水平的一种良好的经济形式。由此，农村地区逐步走上富裕的道路，到 2019 年中国创造了令世人瞩目的用世界上 9% 的耕地养活近 20% 人口的奇迹。

小 结

　　40 多年前，小岗村的 18 个红手印拉开了中国农村改革的序幕，18 户农民冒着风险签下的"秘密协定"成了中国农村改革的第一份宣言，它改写了中国农村发展史。从 1982 年到 1984 年，党中央连续 3 年都以中央一号文件的形式，对包产到户、包干到户的生产责任制给予充分肯定并在政策上积极引导，最终形成农村家庭承包经营制度。这种制度使农民获得生产和分配的自主权，不仅克服了以往分配中的平均主义、吃大锅饭等弊病，还纠正了管理过分集中、经营方式过分单一等缺点，农村家庭联产承包责任制极大地解放了农村生产力，调动了亿万农民的积极性。

"农业投入品"按下提产快进键

观点

　　改革开放以来，我国粮食产量接连迈上新的台阶。粮食丰收主要归因于社会制度、科学和技术等多方面因素，其中，农业投入品，尤其是良种、肥料、农药等农业投入品和相关技术的发展与持续应用，为粮食生产作出了巨大贡献。

　　农业投入品是指在农产品生产过程中使用或添加的物质。它包括种子、种苗、肥料、农药、兽药、饲料及饲料添加剂等农用生产资料产品和农膜、农机、农业工程设施设备等农用工程物资产品。

　　"科技兴农，种子先行。"种子对粮食生产起到决定性作用。到 2021 年，我国农作物良种覆盖率达 96% 以上，自主选育品种面积占比超过 95%[1]，为我国粮食连年丰收提供了重要支撑。本节重点介绍肥料、农药以及节水灌溉设备、农膜等相关投入品对我国农业高速发展的支撑作用，农机装备将在下一节单独进行介绍。

---

[1] 新华社：《中国农业科学院科技创新引领粮食产业高质量发展》，2021 年 1 月 13 日。

肥料对粮食产量的提升关系

肥料是指能供给作物生长发育所需的养分，改善土壤性状，提高作物产量和品质的物质，是农业生产中的一种重要生产资料，一般分为无机肥料、有机肥料和生物肥料。

无机肥料即我们俗称的化肥，由无机物组成，主要包括氮肥、磷肥、钾肥等单质肥料和复合肥料。无机肥料一般营养成分含量高，具有肥效快、便于被作物直接吸收利用、增产显著，以及施用和贮运方便等特点。但无机肥料不含有机质，在化学合成机械加工中，需耗用大量能源，会污染环境，并且长期施用无机肥料不利于土壤肥力的提高。

凡以有机物质（含有碳元素的化合物）作为肥料的均称为有机肥料，包括人粪尿、厩肥、堆肥、绿肥、饼肥、沼气肥等。有机肥料具有种类多、来源广、肥效较长等特点，它所含的营养元素多呈有机状态，作物难以直接利用，经微生物作用，缓慢释放出多种营养元素，源源不断地将养分供给作物。施用有机肥料能改善土壤结构，协调土壤中的水、肥、气、热，提高土壤肥力和土地生产力。

狭义的生物肥料，是通过微生物生命活动，使农作物得到特定的肥料效应的制品，也被称为接种剂或菌肥，它本身不含营养元素，不能代替化肥。广义的生物肥料是既含有作物所需的营养元素，又含有微生物的制品，是生物、有机、无机的结合体，它可以代替化肥，提供农作物生长发育所需的各类营养元素。

肥料是粮食的"粮食"，肥料作为重要的农业投入品，对粮食增产的贡献受到了农户的广泛认可。根据联合国粮农组织的统计，施肥对发展中国家粮食作物单产贡献达到35% ～ 57%，总产贡献30% ～ 50%。目前，我国化肥使用在总肥料使用中的占比达到90% ～ 95%。可以说化肥对实施改革开放后我国粮食产量的增加起到了不可磨灭的贡献。

在改革开放初期，我们的氮肥肥料生产年产量已经仅次于苏联和美国，到1990年甚至已经赶超了苏联。1998年，《中华人民共和国国务院令（第39号）》提出了深化化肥流通体制改革，促进了化肥民营企业的发展，也促进了化肥的增产，保证了粮食产量的持续增高。从2004年起，我国连续保持粮食产量的稳定发展，其他重要农产品也不断刷新单产纪录。

根据中国农业年鉴数据，2015年之前，我国粮食总产和化肥总用量均呈上升趋势，化肥施用量由1978年的884万吨，增加到2015年的6022.6万吨（氮肥施用量最多，一直占化肥施用总量的40%以上）。事实上，自2013年以后，我国一直是全球第一大化肥消费国。2015—2021年，我国化肥总用量逐年减少（这与国家政策调整和目标导向有重要关系），2021年下降到5191.26万吨，而粮食总产依然保持增长趋势。

化肥施用量对粮食的增产作用也呈现先增大后减小的趋势，单位质量化肥投入带来的实际粮食产量增加量不断减少。例如，1978年每千克化肥投入的粮食产量为34.48千克，2015年每千克化肥投入的粮食产量仅为10.97千克。

从全球范围来看，2020年我国约占全世界9%的耕地面积，消费了世界三分之一左右的化肥总量，大大超出了全球的平均化肥使用量。

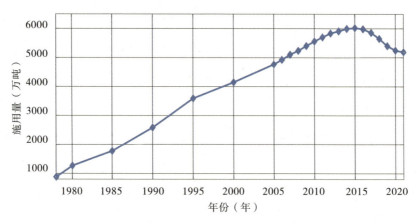

图 2-9　全国农业化肥施用量

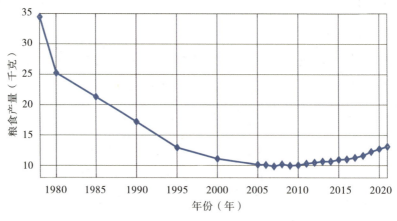

图 2-10　平均每千克化肥投入的粮食产量

化肥投入的增加会提高粮食生产的成本；更重要的是，过度施肥不仅会降低施肥效率，同时也对土壤、水及农业生态环境带来了严重危害。因此，2015 年农业部制定了《到 2020 年化肥施用量零增长行动方案》，且在 2016—2022 年的中央一号文件中均强调加强农业面源污染防治，深入开展农业化肥减量行动。在对策方面，一方面要加强有机肥、生物肥及新型高效低污染肥料的研发与使用，另一方面要结合测土配方施肥、精准变量施肥等现代科学技术和装备的使用，降低总肥料使用量，提高肥料利用效率。

农药与粮食产量的提升关系

农药是指用于防治病虫害及调节植物生长的化学药剂。

改革开放初期，我国的农药产业相对薄弱，品种较少且多以高毒农药为主，大多农药品种还要依赖进口。1982 年我国出台首个《农药登记规定》制度；1997 年国务院发布《农药管理条例》，从此我国农药管理进入有法可依的时代。改革开放以来，随着农业的不断发展，在化肥和农药工业的强力支撑下，主要经济作物产量实现大幅度的增产，解决了老百姓的温饱问题。随着改革开放和登记制度的实施，我国引进了一批当时比较先进的农药新产品和新技术，促使我国农药工业在 20 世纪 80 年代上了一个新台阶。20 世纪 90 年代后，我国农药登记制度进一步完善提高，吸引了一批更新的农药产品和技术，并使之国产化，进一步缩短了和发达国家农药品种结构的差距，使我国农药工业又上了一个新的台阶。①

21 世纪的农药发展主要是以杂环类农药和生物农药为主的高效、安全、经济、环保品种。2006 年 2 月发布的《国家中长期科学和技术发展规划纲要（2006—2020）》明确提出要重点研究开发环保型肥

① 崔丽娟：中国农药出口的影响因素和发展对策分析，对外经济贸易大学，2015。

料、农药创制技术。2009 年 5 月发布的《石化产业调整和振兴规划》提出将显著提高高效、低毒、低残留农药比重作为今后工作目标之一。2010 年 8 月工业信息部、环保部、农业部等部门共同印发《农药产业政策》,对规范和引导我国农药产业健康和可持续发展提出了具体要求。

我国农药工业经过几十年的发展,产品结构通过不断调整优化,高效新品种、新剂型已占据主导地位,为我国农药工业的发展奠定了坚实基础。

根据国家统计局数据,我国农药使用量从 1991 年的 76.53 万吨(当年粮食总产量为 43529 万吨)增加到 2013 年的 180.77 万吨(当年粮食总产量为 63048 万吨)。这一时期内不但农药使用的绝对数量增加,而且农药施用强度也逐年增长,从 1991 年的每公顷 5.11 千克增加到 2012 年的每公顷 11.05 千克。2013 年之后,我国农药使用量开始逐年下降,到 2019 年我国农药使用量降低为 139.17 万吨,但该期间内

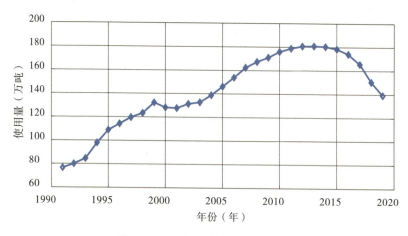

图 2-11 全国农药使用总量

我国粮食总产量依然保持增长趋势。联合国粮农组织统计数据显示，2017 年我国消耗的农药占全世界的 42.9%，但农药利用率并不高，约为 38.8%。

农药作为重要的生产资料，对农业生产具有重要作用。一是可以有效应对病、虫、草、鼠害对粮食作物的威胁，保障粮食产量；二是可以在一定程度上缓解我国农村劳动力不足的问题，如灭草剂代替人工除草等；三是可在一定程度上保障粮食安全，如在小麦的生长过程中，赤霉病是一种常见的小麦病害，如果人们食用得了这种病的小麦，就容易食物中毒，而农药能够有效治疗赤霉病。

农药对粮食安全的正面作用是毫无疑问的，但是另一方面，化学农药的使用不当或过用、滥用造成的环境污染，间接威胁了粮食安全。为更好地促进农药合理施用，发挥农药在防治病虫鼠害和杂草等方面的优势，一要加强环境友好的新型农药的研发；二要积极发展现代农药使用技术，如精准施药技术等；三要逐步使用如赤眼蜂等生物防控，替代传统农药；四要积极宣传合理规范用药等。[①]

其他投入品与粮食产量提升的关系

地膜、农田水利、节水灌溉等其他投入品的应用也对农业生产起到一定的推动和促进作用。其中，地膜覆盖在农业生产中是一项至关

---

① 邵宜添：《农药施用对农业产值的影响：机制与证据》，《新疆农垦经济》，2021 年第 11 期。

重要的农艺措施。地膜即地面覆盖薄膜，通常是透明或黑色聚乙烯薄膜，也有绿、银色薄膜，用于地面覆盖，以提高土壤温度、保持土壤水分、维持土壤结构、防止害虫侵袭和某些微生物引起的病害等，具有促进植物生长的功能。中国于 1978 年从日本引进地膜覆盖技术，并于 1983 年起将此作为国家重点推广项目向全国大范围推广。1985 年，中国地膜覆盖面积跃居世界第一位。目前，我国的地膜一般是厚为 0.005～0.015 毫米的聚乙烯透明塑料薄膜。同时，我国也在不断研发各种颜色的选择透光、抑制杂草的塑料地膜和可降解的无公害生物地膜，使得该技术能够更有针对性地应用到农业生产中。

另外，农田水利建设也是粮食生产的基础，农田水利建设水平可以通过影响有效灌溉面积对粮食单产产生作用。目前全国有效灌溉面积达 10.2 亿亩，节水灌溉面积达 5.4 亿亩。[1]改革开放以来，我国粮食单产水平逐年上升，其中农田水利建设水平的提升发挥了重要作用。同时，各地政府通过定额补助、奖补结合等方式，加大小型农田水利设施的建设力度，积极改造中低产田，完善粮食生产配套设施。

在人均水资源匮乏的背景下，我国农业灌溉用水量居世界首位。我国农业灌溉发展大概可分为人工灌溉、水泵灌溉、滴灌、智能灌溉四个阶段。[2]由于我国水资源的分布不均匀，选择合适的灌溉方式尤为重要。目前为止，我国还有一半以上的耕地没有配备灌溉设施，很

---

① 《农田灌溉科技为保障粮食安全提供有力支撑》，《农民日报》，2019 年 11 月 23 日。
② 王露，闵瑞，张亚东，等：《浅谈农业灌溉发展历程》，《吉林农业（学术版）》，2011 年第 5 期。

图 2-12　农业灌溉

多区域仍然使用人工灌溉、水泵灌溉的方式，造成了大量的水资源不合理利用，有的区域就算是增设了灌溉的设施，但是长时间的使用和缺乏维修，导致设备损坏无法使用。为促进节水灌溉技术的发展，需要大力研究喷灌技术，推广新型有效的使用方法，方便用户使用。研究表明，滴灌相比于传统的灌溉能节水一半左右，智能灌溉更是可以实现水肥一体化管理，节省 60% 左右的水资源。智能灌溉方法的使用可促进农业发展向现代化转变，进一步提升水资源的利用率。

改革开放后，我国农业高速发展，粮食总产量不断攀升，未来中国能够实现"谷物基本自给、口粮绝对安全"的目标。研究表明，虽然我国人多地少，但是粮食及农业的综合生产能力稳步提升，中长期我国口粮绝对安全能够得到有效保障，这是众多因素共同作用的结果，其中良种、肥料、农药、地膜、农田水利以及节水灌溉等作出了巨大贡献。同时，我们也要促进农业转型升级，满足城乡居民对粮食及其他食物在数量、质量和安全等方面的需求。

第三章

粮食安全潜存危机，
　如何向科技要粮

2022 年，我国粮食总产量比上年增加 73.6 亿斤，增长 0.5%，粮食产量连续 8 年稳定在 1.3 万亿斤以上，粮食稳产增产为保障国家各项事业的发展奠定了基础。同时，我们也要看到居民饮食结构变化引发的种植结构失调，气候变化、育种技术和耕作方式给进一步增产带来的挑战，国际粮食市场环境新全球局势变化带来的不确定风险。新的形势下，我国粮食安全保障面临"内忧外患"的诸多新挑战。

如何在有限的资源基础上，立足自身的资源禀赋，依靠科学技术破解种子、耕地、农机等领域的科技难题，找到一条依靠自主科学技术体系实现可持续发展的路径，是我国粮食安全领域必须思考的问题。是否可以在未来加强自然灾害的疏解和管理，更好应对气候变化；是否可以做好粮食保供稳价工作，优化粮食进口来源；是否可以推动农业发展方式转变，提高粮食生产效率和产量……本章梳理总结关键科技问题，从自身专业角度提出破解思路，供讨论参考。

粮食安全存困境，齐心聚力迎挑战

观点

　　农业生产是一个系统工程，支撑农业生产所需的技术涉及农业的方方面面。我国主要依靠政策、依靠工程提高粮食产量，依靠引进西方的农业生产技术的时代已经过去了，我们需要了解全球农业的发展趋势，并结合自身的特点来发展中国的农业科技。

农业科学技术的内涵

　　所谓农业自然资源是指自然界存在的能被人类利用或在一定经济和社会条件下能被用来作为农业生产原材料的物质和能量来源，在农业自然资源的定义中，"水、土、气、生"是农业生产的四大自然资源要素，需要围绕这四大要素开展技术攻关。

　　随着农业和农机装备，以及信息化设备设施大量参与到农业生产活动中，作为运行这些装备与设备所必需的"能源资源"也应纳入农业自然资源的考察范围。另外，农业社会经济资源是开发利用自然资源并将其转化为社会经济财富的动力源泉，它包括人口和劳动力、农业物质技术装备、农业科学技术、农业资金条件、农业经济体制、农业经济政策以及农业智力资源等。可见，围绕农业生产的要素是十分复杂的。从科学技术的角度出发，农业科学技术本身无法独立产生价值，农业科学技术的创造与进步均来源于解决农业重大问题的需要。我们应当采取系统工程的分析方法，将农业作为一个复杂系统审视，

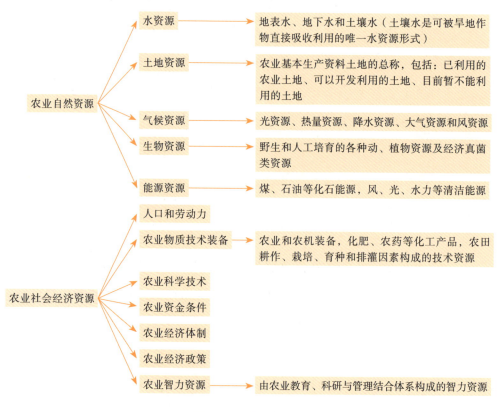

图 3-1　农业资源

一方面应当关注科学技术对农业自然资源与能源五个要素的变革和影响；另一方面应当关注科学技术通过技术转化对劳动力参与劳作方式的变革，对农机装备、化肥农药等农业物质技术装备的升级换代，以及通过信息技术对农业经济管理方式的改变。

发达国家农业科技创新模式

近代农业始于产业革命而止于 20 世纪中期，历时约 100 年，是从古代农业向现代农业转变的过渡阶段，也是人类社会由农业社会迈向工业社会的阶段。产业革命带来了农业以外的其他产业的能量输入——农业机械、农业化学品等，极大地提升了近代农业的产量、劳动生产率和土地生产率，促进了农业的商品化、专业化逐步形成，同时因高度依赖其他产业的能量输入和技术不完善，造成生产成本增加、能量利用效率低，以及环境污染等问题。

总之，全人类在过去、当下以及未来主要需要解决三大农业问题：第一是解决粮食安全问题，既要吃饱，也要吃好，还要吃得安全健康；第二是解决自然资源和能源高效利用问题，以最低的消耗实现最高的产出；第三是解决生态保护问题，处理好供需双方与环境之间的关系，实现农业的可持续发展。

在农业科技创新方面，一些发达国家一直走在前端。其在农业科技创新模式方面的先进经验，值得我国借鉴。

美国模式——产学研结合型

美国有着强大的科学研究与试验发展（research and development，

R&D）的实力，是全球最发达的农业强国，也是世界最大的农产品出口国。美国农业科研对农产品产值贡献率达80%以上，是典型的产学研结合型科技创新模式。其特点是产学研无缝结合，科研成果转化率高；农业布局合理，生产运作效率高；农业投入主体明确，生产方式合理。

法国模式——链式环保型

法国的农业科技创新模式与美国存在较大区别，更加侧重于农业链条的深化和生态环境的保护，具备健全的产学研一体化的农业科技创新体系，农业产前、产中、产后链式化服务完善，注重农业可持续发展。

德国模式——生态信息型

德国的信息经济在全球相对较发达，农业信息技术可作为德国农业发展的关键技术支撑。在按需种植、优化生态资源、美化亮化乡村等方面，农业信息技术都扮演了重要的角色。总体而言，德国的农业科技创新模式属于一种以先进信息技术为支撑、以生态农业为保障的生态信息型模式。

荷兰模式——生产集约型

荷兰国土面积仅4万多平方千米，是一个典型的土地资源匮乏、人多地少的国家，其国土呈现低洼之势，约1万多平方千米的国土低于海平面，常年日照不足，但是其依靠先进的设施农业、集约化管理和高新技术，成为了美国之后的第二大农产品出口国。

日本模式——技术密集型

相对于欧美诸国，日本和中国相像的地方更多，同属于东亚地区，

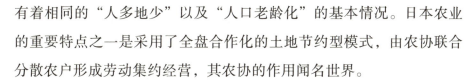

有着相同的"人多地少"以及"人口老龄化"的基本情况。日本农业的重要特点之一是采用了全盘合作化的土地节约型模式，由农协联合分散农户形成劳动集约经营，其农协的作用闻名世界。

小结

从美国、法国、德国、荷兰、日本等几个农业发达国家的发展脉络看，农业现代化总体上呈现出四个发展阶段：

第一个阶段：土地集中后的农业机械化，通过高度机械化的发展，显著提升劳动生产率；

第二个阶段：通过化学肥料和农药的使用以及生物育种技术，显著提升产量产能；

第三个阶段：当面临环境污染、环境侵害、食品安全等一系列问题时，开始转向发展绿色可持续发展技术，解决供方、需方与环境之间的平衡发展问题和食品安全问题；

第四个阶段：通过数字化和信息技术、基因编辑技术等进一步提升农业系统的运行效率。

在顶层，实际上都是解决三大方面的农业重大问题：其一是人口增长过快，对粮食等农产品需求日益增加，解决"粮食安全"问题；其二是农业资源缺乏，水资源不足，能源枯竭，解决"能源和资源危机"问题，更高效地使用能源和资源；其三是土壤侵蚀，地力下降，农业生态环境日益恶化，解决"生态保护"问题。对于少数禀赋良好的发达农业国，如美国，可以借助其优越的资源禀赋，着重在资源利用效率和可持续发展方面做文章。

我国在上述三个方面均面临挑战。首先，我国还处于向现代化农

1980
遥感农业、精准农业、转基因农业

1940
发展"有机农业"

1960
除草剂大量使用、育种创新

1930
化学化及良种化（化肥使用）

1840
主要农作物实现全面机械化

美国

2022
"农业和数字化"

1980
发展"生态农业"

1955
化肥和农药的广泛使用

1970
土地集中、农业机械化（～15 年）

法国

2015
"农业 4.0"

2006
转基因技术

1990
可再生工业原料

1980
培育良种、基因和生物技术

1960—1970
发展"有机农业"

1955
土地集中、农业机械化

1940
化肥和农药的广泛使用

德国

1980—1990
有机农业

1970
温室革命（机械、工程、电子、计算机、信息技术、生物技术）

1960
生产机械化

1950
土地密集型农业（如谷物等大田作物）

荷兰

1970
农业可持续发展

1955
农业机械化、化学工业发展、良种普及

日本

图 3-2　美国、法国、德国、荷兰、日本农业现代化历程

业发展的历史进程中，如何保障全民吃饱吃好，仍然是长期面临的挑战。其次，我国农业和农机装备行业虽在近几十年通过消化引进和自主研发取得了一系列成就，但农业装备机械化和电气化水平并未得到充分发展，在资源和能源利用的能效上尚有很大的提升空间。再次，我国尚处于依靠化肥农药等化学品促进农业增收增产的阶段。从供给侧看，我国幅员辽阔，不同地域的资源禀赋差异显著，虽有利于生物多样化发展，但难以借助统一的生产模式复制推广至不同区域，不同区域需要根据各自特点制定不同的解决方案，开展区域化的科技攻关，如东北大田区可以借鉴美国模式，而南方丘陵山区则可以学习日本经验。在这一点上，我们可以借鉴德国、法国、日本等国的经验，根据不同地域特点，划分农业大区，发展符合区域特点的农作物和农业模式。

我国农业科技面临的主要挑战

第一，我国的农业地形地貌复杂，全国的区域跨度非常大，各个地方都不一样，没有统一的模式，我们一个国家可能拥有全球所有国家的特征，因此，在农业科学技术应用方面，需要解决这个碎片化的挑战。

第二，农业和农机装备的机械化和电气化是支撑智能农机发展的基础底座技术，我国在这方面的水平尚未得到充分发展，与国外农业发达国家存在不小的差距。因此，我们需要补齐这个短板，解决这个挑战，特别是第三代农机技术体系的建立与发展，是赶超发达农业国家的契机。

第三，多年来推行的化学肥料刺激农业发展的模式，已经在一定程度上造成了危害，我们需要解决这些问题。

第四，我们需要运用"系统工程"的思维去认知和理解农业这个复杂系统，将技术体系有机地串联在一起，而不是单点，或者简单的堆叠和罗列，这是一个对农业系统性认知的挑战。

第五，要另辟蹊径，不要老是跟在别人后面，虽然他山之石可以攻玉，但是我们的农业不能简单地照搬发达国家的农业模式或简单地引进，而要借鉴国外先进技术经验，并根据自身特点进行再创新。

发达国家经验对我国的借鉴

虽然各国的自然条件和经济条件不同，农业发展方式也各有特点，但发达国家的经验对中国农业的发展有一定的借鉴意义。

从国情出发探索建设农业现代化的道路。从以上国外案例与分析可看出，农业现代化并没有固定的模式。一个国家究竟采取什么方式走向农业现代化，是由其客观的资源条件和历史背景决定的，不可能完全照搬或模仿别国的模式。我国建设现代农业必须从国情出发，走有中国特色的农业现代化道路。

制订实施切实有效的农业支持和保护政策。农业支持和保护政策是政府对促进农业发展的各类干预措施的总和。其具体形式是多种多样的，如对农民的直接收入支持，农产品价格支持，鼓励农产品出口和限制农产品进口；增加对农业的投入，加强农业科研与技术推广，保护农业资源和环境等。

加大人力资本投入，提高农业劳动者素质。现代农业的生产经营和管理，需要具备农学、机械学、管理学等多方面的知识和技能，高素质的农业劳动者是建设现代农业必不可少的条件。我国农村劳动力资源丰富，但是科学素质相对较低。这是建设现代农业过程中必须解决的问题。

搞好生态环境保护工作，促进现代农业的可持续发展。我国目前虽然高度重视生产环境建设与保护，采取了退耕还林等重大措施，但从总体上看，环保水平还较低，全民的环保意识尚未形成。毁林开荒、过度开发，使植被遭到了严重破坏，水土流失严重，荒漠化、沙漠化日趋扩大。所以必须学习和借鉴欧洲的经验，把环境保护摆到突出的位置，坚决制止以牺牲环境为代价的生产开发模式，进一步加强生态建设，努力改善生态环境和农业生产条件，大力发展生态农业、有机农业，力争在短时间内，使我国生态环境恶化的势头得到有效遏止，促进农业可持续发展。

小　结

　　我国地貌特征种类较多，需要对应解决的科学技术应用问题较为复杂。第三代农机体系的建立与发展是赶超发达农业国家的契机，需要找出一个非化学肥料刺激农业发展的模式，让中国农业得到健康发展。总之，我们需要借鉴西方国家的经验，走符合中国国情的中国特色农业发展道路，积极应对我国农业科技面临的挑战。

耕地是"命根子"，守土尽责担使命

观点

　　耕地是农业生产的命根子，要保护好耕地，尤其是要"保护好耕地中的大熊猫"——黑土地。全球有四大块黑土地，分别采取了不同的耕作和使用模式。除了我国的东北黑土区，其他三块都是什么样的利用情况？我们国家要开展黑土地保护，应该采取什么样的方式？如何利用科学技术进行黑土地保护？

全球四大黑土地区

　　黑土地是大自然给予人类的得天独厚的宝藏，是一种性状好、肥力高，非常适合植物生长的土壤。人们用"一两土二两油"来形容它的肥沃与珍贵。寒地黑土是寒冷气候条件下，地表植被死亡后经过长时间腐蚀形成腐殖质后演化而成的，以其有机质含量高、土壤肥沃、土质疏松、最适宜耕作而闻名于世，素有"谷物仓库"之称。每形成

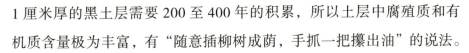

1 厘米厚的黑土层需要 200 至 400 年的积累，所以土层中腐殖质和有机质含量极为丰富，有"随意插柳树成荫，手抓一把攥出油"的说法。

全球有四大黑土地区，分别是东欧第聂伯河畔的乌克兰大平原，面积约 190 万平方公里；北美洲密西西比河流域的中央大平原，面积约 120 万平方公里；我国东北平原的东北黑土区，面积约 103 万平方公里；南美洲阿根廷连至乌拉圭的潘帕斯平原，面积约 76 万平方公里。

全球黑土地退化的原因和保护方式

黑土地侵蚀退化的原因

每生成 1 厘米厚的黑土层需要 200 年到 400 年时间，而现在黑土层却在以每年近 1 厘米厚的速度流失，每年流失掉的黑土总量接近两亿立方米，光是流失掉的氮、磷、钾养分就相当于数百万吨化肥。土壤有机质每年以 1‰ 的速度递减，目前土壤中有机物质含量比开垦前下降了近三分之二。按照全球主要国家黑土研究专家的测算，再经过 40 至 50 年，黑土地现有的部分耕地黑土层将全部流失。

在 20 世纪二三十年代，由于过度毁草开荒、破坏地表植被，水土流失严重，乌克兰大平原、美国中央大平原两个黑土区相继发生破坏性极强的"黑风暴"。1928 年，"黑风暴"几乎席卷了整个乌克兰，一些地方的土层被毁坏了 5 至 12 厘米，最严重的达 20 厘米。在美国，1934 年的一场"黑风暴"卷走了 3 亿立方米黑土，当年小麦减产 51 亿公斤。

黑土地遭遇侵蚀的三大原因中，风蚀、水蚀是表象，人类的耕作

活动才是根本。人类的耕作活动导致原有的黑土地生态遭到破坏，进一步加剧了黑土的侵蚀。如何做到合理利用黑土地资源，同时保护好黑土地的生态环境，防止其侵蚀退化，是摆在世界面前的一大难题。

风蚀

水蚀

人类的耕作活动

图 3-3　黑土地遭遇侵蚀的三大原因：风蚀、水蚀、人类的耕作活动

三大黑土区采取的保护措施

1. 乌克兰的黑土地保护模式

乌克兰大平原在 1917 年之前就开始开垦，20 世纪 30 至 60 年代逐渐达到顶峰。1991 年苏联解体，土地私有化，农机装备闲置，农业生产资金出现短缺，土地单产急剧下降，出现黑土地大规模撂荒，素有"欧洲粮仓"美誉的乌克兰也不得不大规模进口粮食。

（1）破坏原因

乌克兰大平原地势平缓，主要破坏因素是风蚀。由于过度开发和

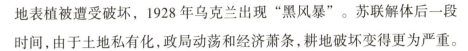

地表植被遭受破坏，1928年乌克兰出现"黑风暴"。苏联解体后一段时间，由于土地私有化，政局动荡和经济萧条，耕地破坏变得更为严重。

（2）保护方式

苏联时期，颁布实施《土地保护法》，开展土地规划，建立防护林带，改进耕作方法，实行土地轮作，低产田开发，土壤学家威廉斯更是创立了一种草田轮作制度，使黑土地得以保护。

1991年后，经过短暂的政局动荡，乌克兰政府颁布法律，实行保土轮作，保根留茬，套行耕作，建设防护林，设立土壤肥力保护与肥力恢复项目，从政策和农业技术两个层面，保障了黑土地的合理使用。

2. 阿根廷的黑土地保护模式

阿根廷素有"世界粮仓"和"世界肉库"之誉，从19世纪下半叶已经开始发展现代化农牧业，一直到20世纪30年代，阿根廷农牧业蓬勃发展，小麦、玉米等作物的种植面积成倍增加，养牛业和养羊业迅速发展，同时主动对外开放，让大批西方移民到阿根廷修铁路、建工厂，阿根廷从拉美最贫穷的国家，变成了当时世界上第十大贸易强国。因此，说阿根廷靠着黑土地，以农牧业立国也毫不为过。20世纪七八十年代，阿根廷对土地的租赁制度进行了修正。1988年以后，阿根廷农业被全球化资本裹挟，大农场主开展种植的时代到来。

（1）破坏原因

从人为因素看，阿根廷的土地租赁政策规定，土地租期可以短至2年。为了追求更高的经济利益，土地被过度开发利用。

从自然因素看，潘帕斯草原特殊的地理位置和气候环境，使其约有5000万公顷的土地受到不同程度的风蚀、水蚀。

（2）保护方式

在法律层面上，阿根廷联邦政府规定，对于土地，每个州都可以独立立法实施保护；另外，实行土地私有化，确保农民更加爱护自己的土地。

在科技层面上，阿根廷是全球免耕技术最发达的国家之一，建立了完善的轮作体系，采用秸秆还田、免耕播种技术以及生物碳和固氮技术，以科技为支撑，农场主与科技团队深度合作，让科研实验直达地头。

3. 美国的黑土地保护模式

美国作为目前世界上农业最为发达的国家，很早就在中央大平原开展了耕作活动。18 世纪末到 19 世纪中叶，广袤的黑土地被逐渐开垦。得益于得天独厚的地理区位优势，地广人稀，大规模土地经营生产方式逐渐在这片大地上成型。随之出现的，还有高效的农业生产装备：1830 至 1845 年，铁犁已在这里普遍应用；1831 年，农民发明家麦克科密克设计出第一台由两匹马牵引的机械收割机；1840 年左右，乘式跨行的玉米中耕机开始在玉米地里使用；条播机的生产始于 1841年左右；1889 年，美国人贝斯特设计制造出第一台由蒸汽机驱动的自走式联合收割机。有了高效农业作业装备的助力，1880 年至 1945 年，美国进入黑土地开垦的高峰期。

（1）破坏原因

美国黑土区地势平坦，与乌克兰类似，风蚀对黑土区的破坏占主导。1934 年美国出现的"黑风暴"，成为 20 世纪十大自然灾害之一。

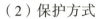

（2）保护方式

在法律层面上，从1934年开始，美国出台20多个涉及农业的法案，形成了完备的土地保护法律体系。

在科技层面上，美国是最早提出保护性耕作的国家之一，少耕、免耕、留茬覆盖、条带耕作四种模式在美国得到普遍应用，使土地得以更加合理地使用。美国逐渐形成了保护性耕作体系，到目前，保护性耕作面积已达美国黑土区的75%以上。

在政策层面上，美国建立了遍及全国的土壤保持示范点和土壤保持管理区（如1933年成立了应急机构——土壤侵蚀管理局），建立了许多永久性小流域示范区。到1935年，美国农业部成立土壤保持局，作为一个常设机构代替了土壤侵蚀管理局。美国对于保护性耕作技术应用的补偿制度非常完善，为保护性耕作新技术的应用提供了支持。

在宣传教育层面上，对于土地保护，美国进行了大量的宣传教育并提供培训支持。同时，民间土壤保护者被分配在小流域示范区中，以检验土壤治理和保护措施的成效。

我国黑土地区概况和保护模式建议

我国黑土地概况

国务院批准发布的《全国水土保持规划（2015—2030年）》中，东北黑土区面积103万平方公里，包括黑龙江和吉林两省全部、辽宁省北部和内蒙古东部。森林50.98万平方公里，草地16.60万平方公里、湿地10.08万平方公里，耕地41.48万平方公里，建设用地4.09万平方公里。广义黑土耕地约 6 亿亩；狭义黑土区约 2.78 亿亩，其中内蒙古 0.25 亿亩，辽宁 0.28 亿亩，吉林 0.69 亿亩，黑龙江 1.56 亿亩。

东北黑土区粮食年产量约占全国总产量的四分之一，粮食商品量、调出量均居全国首位。玉米、粳稻和大豆产量分别占全国的 33%、43% 和 52%，粮食商品率 60%。全国排名前 10 位的产粮县均在该区。

我国黑土地的开发利用和侵蚀情况分析

我国东北黑土地开垦始于 20 世纪五六十年代，由于开垦规模和强度过大，森林减少、湿地流失、水土流失、黑土地退化和沙漠化现象十分严重，出现"薄、瘦、硬"的问题。

（1）破坏原因

与国外黑土区的地势平坦导致的风蚀不同，我国东北黑土区地形复杂、土壤类型多，侵蚀原因更复杂。

耕作制度不合理，过度开垦、超载放牧、滥砍滥伐等是导致黑土地退化的重要原因。

东北黑土区呈现中部平原、三面环山的盆地状地形，区内山地、平原、丘陵和台地分布面积相当。雨热同季、降水集中。加上黑土表层松软，坡度大于 0.5°，耕地就存在土壤水力侵蚀风险，坡度越大侵蚀风险越高，地表径流导致水土流失严重，形成大面积侵蚀。

（2）保护方式

在法律层面上，2022 年 8 月 1 日，《中华人民共和国黑土地保护法》正式施行。这是我国第一部，也是世界上唯一一部国家层面立法保护黑土地的法律。

在科技层面上，因地制宜，就地取材，根据各区域的不同特点，形成了以梨树模式、龙江模式为代表的十大综合性治理模式。秸秆条带覆盖还田、秸秆全量深翻还田、秸秆高留茬宽窄行休闲种植、水肥一体化技术得到广泛应用。

在政策层面上，国家增加推广保护性耕作的投入，利用现有的购机补贴、作业补贴政策以及相关项目资金，引导扶持农民使用先进的保护性耕作技术。完善适用于本区域的黑土地保护技术路线，组织农机推广、科研院所、生产企业进行联合攻关，发挥专家和研究机构的作用。推进保护性耕作社会化服务，探索市场化运行机制，提高保护性耕作带来的经济效益。加强对黑土地保护效果的监测，巩固优化监测点布局，完善监测规程，明确监测内容，确定责任单位和人员，提高监测的时效性和准确性。

在宣传教育推广层面上，积极推进示范区建设，科学规划，合理布局，集中已有的财力、物力、人力，把示范区建设成示范、宣传的窗口；强化培训指导，通过培训，使基层农机技术推广人员掌握黑土地保护技术要点，学会技术推广方法；重视宣传工作，注重保护性耕作实施效果的宣传，引导群众采用，提高社会认知度。

我国黑土地的开发利用和侵蚀情况分析

我国现有的黑土地保护模式，充分体现了因地制宜的思路和理念，在不同的地形地貌下，科研人员研究了不同区域特色的黑土地保护模式，包括"梨树模式""龙江模式"等。各个地区又分别提出了诸多的小模式，这些模式适应不同区域的农业生产情况，但是也带来了一系列的问题，比如共性技术少、模式经验性的总结多，缺少理论支撑，技术门槛低，难以复制推广等。

因此，国家农业农村部、科学技术部开展针对黑土地的科技立项，中国科学院、中国农业大学、中国农科院以及地方农科院组织科技力量开展技术攻关和突破，探索新型黑土地保护模式，依靠科技的力量保护黑土地。

参照医院看病流程（体检→专家会诊→开方→精准治疗），中国科学院"黑土粮仓"科技会战大河湾示范区，把每一块黑土地比作病人，将整个示范项目看作建设了一个黑土诊疗的医院。这个"医院"集合了中国科学院各个院所的优势，传统农业口的院所单位就是"专科大夫"（如南京土壤所擅长土壤；沈阳生态所擅长肥料），计算所就是"检验医师"和"主刀大夫"，用信息技术精准体检，帮助"专科大夫"在信息空间模拟，更快得出最优处方，用智能装备技术实现精准作业（治疗）。

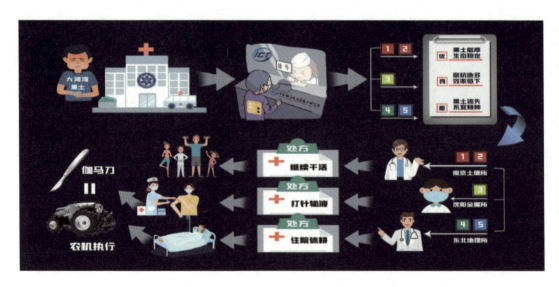

图 3-4 中国科学院建设的黑土地诊疗医院

　　黑土地是最为肥沃的土地，是大自然给人类的瑰宝，是人类的大粮仓。但是我们在开发过程中一定不能过度，在使用的同时还要注重保护，使之能够长期为人类造福。这个平衡点，需要依靠先进的科学技术来支撑，在充分使用黑土地的同时，最大限度地减少农业生产活动对大自然的破坏。

种子是"芯片"，打好种业翻身仗

观点

种子是农业的关键，是"芯片"，要打好种业翻身仗。我国种业基础安全有保障，在科技创新方面也具有自身的优势，比如我国的杂交水稻育种处于技术领先地位。未来应朝着什么样的方向发展？本节作出了进一步的思考，并提出相关建议。

种业的整体情况

我国种子行业较世界发达国家起步较晚，在新中国成立以后才逐渐探索出自己的道路。我国种子行业发展可分为 4 个主要的阶段：

1. 农户经验自留种阶段（1949—1978 年）。由于历史条件的限制，这一时期的本土化种子行业并未起步，既不存在商品化种子，也没有相关的种子市场和种子公司。在农业生产中，所有种子都是依靠农民祖祖辈辈积累的经验进行自繁自选自留的。随着农业合作社的发展，育种规模化有所提高，为初级的种子商业化运营积累了一定的社会基础，整体粮食产量有了较大幅度的提升。

2. 种子商业化起步阶段（1979—2000 年）。随着社会市场化程度越来越高，种子的商业化也逐渐发展起来，国家开始实施"种子工程"，实行以县为单位统一供种，行业市场化加快发展，但仍然不规范。据中国产业发展研究网的资料显示，到 2000 年全国共有县级以上种子公司（站）2700 家，注册登记的种子经营点 32500 家，国有原种场、育种场 2300 多个。

3. 市场化竞争阶段（2001—2011 年）。《中华人民共和国种子法》的颁布实施标志着我国的种子市场化进入了一个崭新的阶段。种子行业逐步向规范化、正规化发展，保护了企业的品种权益，加速了种子商业化的进程。企业不满足仅仅作为商业化主体，纷纷往研发主体扩展，进一步扩大自己的收益。2011 年国务院出台《关于加快推进现代农作物种业发展的意见》，提出要去弱留强，改变我国种子企业规模小、行业集中度低的现状，加速种子行业相关的企业兼并重组，提升我国种子行业的综合竞争力。

4. 种业现代化阶段（2011 年至今）。我国种业发展取得了由量变到质变的突破，农作物选育水平、良种水平和供应能力显著提升。中国种子管理局的数据显示，2021 年，我国种业市场规模达到 1306.15亿元，我国主粮的自主品种的种植面积已达 95% 以上。①

---

① 数据来源：《中国种业行业发展深度研究与投资趋势预测报告（2022—2029 年）》，观研报告网。

然而，随着生物技术、人工智能、大数据信息技术的不断成熟，一些发达国家已进入种业4.0时代，而我国的种业整体还处于2.0至3.0时代之间，亟需加大育种设备的研发力度，将制种全程机械化、种子加工自动化真真切切地在育种行业推广开。这需要国家与各级政府加大政策支持与资金支持种业发展，并且应该有专门的专家委员会根据不同物种提出不同的布局建设种业基地，完备顶层设计。

最新的育种技术

全球育种技术近年来有了飞速发展，以生物技术和信息技术融合为主要特征的育种技术成为主流。开展全链条、系统性的育种设计是必然的发展趋势。全球背景下，开展智能设计育种的新技术包括：

1. 转基因技术。转基因技术是针对作物的抗逆（比如抗旱、抗寒、抗盐碱等）开展研究，转基因技术体系是美国人提出来的，并且通过持续的商业化获得了竞争力。转基因技术研发经历了从单基因到多基因转化的提升，如从单一外源功能基因的转化向包括调控基因在内的多基因转化发展；从技术应用角度来看，由第一代抗虫、抗病、抗除草剂的转基因作物，逐渐向抗逆、品质改良、营养改良、生物医药的转基因作物发展。①

2. 基因编辑技术。基因编辑技术是一种针对基因进行定向靶向修饰

---

① 郑怀国等：《全球作物种业发展概况及对我国种业发展的启示》,《中国工程科学》,2021年第23卷第4期。

的技术，它不仅是解析阐明基因功能的重要工具，在作物上的应用也是划时代的重大突破。它包括人工核酸酶介导的锌指核酸酶（Zinc finger nucleases, ZFNs）技术、类转录激活因子效应物核酸酶（Transcription activator–like effector nucleases, TALENs）技术和 RNA 引导的常间回文重复序列丛集关联蛋白系统 CRISPR/Cas（Clustered regularly interspaced short palindromic repeats / CRISPR associated proteins）技术。它被用于提高作物产量、改善品质、提升抗性、应对生物（真菌、细菌、病毒等）/ 非生物（热、干旱、霜冻、盐度等）胁迫以及雄性不育等方向，具有更广阔的应用前景。

3. 基因组学技术。基因组学技术，即通过对群体进行高通量测序，通过关联分析等途径定位到控制某个性状的关键基因，直接通过转基因或对后代基因型进行选择的方法来选育新的品种。目前，挖掘功能基因是全世界生物学家研究的热点，这也是基因组育种时代生物学家的主要目标。基因组测序技术的快速发展推动作物基因组研究取得突破性进展。

4. 人工智能模拟技术。人工智能模拟技术通过机器学习，对基因与基因、基因与表象之间的相关性进行深度挖掘与分析，并利用大数据的优势，更有效率地发现通过普通观察发现不了的重要相关关系，从而进一步优化基因组合及编辑。

人工智能模拟技术的特点是可以大幅缩减育种前期研究的时间成本，因为该技术是建立在计算机强大的运算能力基础上的，能够在非常短的时间内进行因果验证，得出预测结果。除此之外，利用人工智能与大数据平台，在育种的初级阶段就能够利用人工智能有效地辅助引导基因编辑；利用计算机视觉的数据收集以及人工智能模型搭建，能形成虚拟耕种系统，对作物的种植和未来的生长进行推断，从而缩短作物的试验培育时间；人工智能挖掘基因家族彼此之间的关联，能够控制子代基因和性状发展方向，使研发成功率更高，从而实现科研方面的高效稳定的产出。

存在的问题

我国种业与世界种业巨头存在差距，比如我国的大北农、垦丰等企业与世界种业巨头在技术、产业等方面存在较大差距，在体量上、技术上、数据上都还存在差距。

1. 我国在育种 2.0、3.0 时代分别建立了具有自身优势和特色的育种体系，但是在新的育种体系上缺少原创性的思想。

美国是转基因技术的领导者，美国的转基因技术已进入商业化应用阶段，而我国的转基因技术处于总体跟随、个别技术领先的状态，暂未开始转基因物种的商业化推广。我国是世界上较早启动作物基因组学研究的国家，现阶段已经完成水稻、小麦、玉米、黄瓜等重要农作物的基因组测序，基本掌握了这些作物遗传基因的功能性状，整体研究水平走在国际前列。在基因编辑技术方面，从技术研发的角度来看，美国与我国均处于领先地位。据农小蜂发布的《中国作物种业国际竞争力评价研究与提升对策》显示，2015—2019 年，全球生物技术育种领域的发文总量为 87830 篇，美国共发表了 25987 篇，我国论文的总发表量为 21620 篇，两国分别排名全球第 1 与第 2，各占全球发文总量的 29.6% 和 24.6%，是世界生物技术育种基础研究的领导者。

2015—2019 年，援引 Derwent Innovation 全球专利数据库检索数据，全球生物育种技术领域的专利申请总量为 23133 件，美国和中国专利申请量分别排全球第 1 和第 2。其中美国的申请量为 11849 件，占全球专利申请总量的 51.2%；我国申请量为 6338 件，占全球专利申请总量的 27.4%，美国几乎是中国的两倍，中美的差距比较明显。

我国在种子研究方面的研究规模较大，但是整体影响力不足，除与美国在数量与影响力上有较大差距外，与一些专利发表较少的国家对比，影响力也显不足，简而言之，就是量足而质不足。英国、德国、荷兰、加拿大、澳大利亚、法国的专利发表总量不大，但影响力强于我国。我们需要正视这一问题。现阶段我国属于技术层面积极参与的活跃者，参与研发的面比较广但是参与的深度不足，缺乏自主创新的原始技术。

2. 我国育种企业相对于世界巨头，存在数量级上的差距。

当今世界各个行业的格局正在发生着深刻的变革，全球的种业格

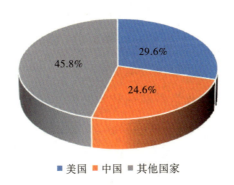

　　■ 美国　■ 中国　■ 其他国家

图 3-5　美国、中国以及其他国家育种行业核心著作占比

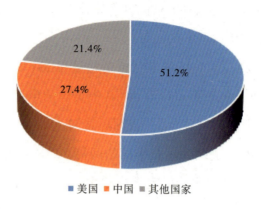

21.4%

51.2%

27.4%

■ 美国 ■ 中国 ■ 其他国家

图 3-6　美国、中国以及其他国家育种专利占比

局同样如此。随着育种 4.0 技术的到来，国际种业的传统巨头也开始了各种形式的联合、重组，例如种业巨头拜耳收购孟山都，杜邦与陶氏合并，这两个大事件深刻影响着世界种业的格局，这些跨国巨头加速在全球吸引技术、人才，进而更快地占领全球种子市场。全球最先进的品种研发技术基本掌握在孟山都、陶氏杜邦等少数几家公司手中。目前我国种子企业一共有 1500 家，但是每年研发投入总计仅为 33 亿元左右，研发经费投入最多的隆平高科，每年研发投入仅为 0.5 亿美元，而美国孟山都一年的研发投入就高达 17 亿美元。我国种子公司与世界头部种子公司的差距还是比较明显的。

整体来看，我国种业竞争格局较为分散，2019 年前五名企业总的市场占有率仅为 9.5%，隆平高科以 3.7% 的市占率稳居第一。

从细分品类市场竞争格局来看，在水稻种业方面，数据显示，2019 年前三名企业总的市场占有率为 15.1%。

表 3-1 2019 年我国种业前五名企业市占率表

序号	名称	比率
1	隆平高科	3.7%
2	垦丰种业	1.8%
3	大华种业	1.5%
4	荃银高科	1.3%
5	鲜美种苗	1.2%
6	其他	90.5%

表 3-2 2019 年我国水稻种子市场前三名企业市占率表

序号	名称	比率
1	隆平高科	10.6%
2	荃银高科	3.1%
3	大北农	1.4%
4	其他	84.9%

整体来看，目前我国种业公司数量多、体量小，行业格局较分散，对标国际商业公司，我国种业商业化育种能力还有相当大的提升空间，行业整合空间也较大。

3. 我国的作物品种审定制度需要适应科学技术的改革。

品种审定制度可以理解为农作物市场准入制度，它是种业发展极其重要的技术标准体系。我国种业利用品种审定制度的宏观指导和技术引领，种业创新体系建设成果明显。最近几年，我国政府层面通过一系列重要举措，实施转基因重大专项、"七大作物育种"重点研发计划等，积极引导农业科研院所和相关高等院校开展育种基础理论研究、共性技术突破、种质资源深度挖掘、育种材料攻坚突破等。现阶段我国的作物品种审定制度与逐步迈向育种 4.0 时代还存在一定的距离，因此现有作物品种审定制度必须适应科学技术的发展进行深度改革。要扶持和培育一批具有国际核心竞争力的"育繁推一体化"跨国种业企业、高效商业化品种研发平台和国际一流的示范基地。

除此之外，我国的农产品审定标准均是以产量作为核心标准的，这是因为我国早期农业物资相对短缺，必须用以产量为中心的审定标准引导育种方向，它对提高我国的粮食和农产品产量起到了十分重要的作用。但是随着市场经济的发展，人们对农产品的需求更加多样化，有很多优良的品种应该适应市场化的需求而非仅仅追求产量。而受限于现有的评定标准，我国的许多优良品种无法真正地面向市场，实现其经济价值。

4. 加强育种人才的培养，壮大我国的育种科研生力军。

育种科研历来是我国育种工作的重中之重，为我国的粮食增产增收保驾护航。代表专家有"杂交水稻之父"袁隆平、小麦远缘杂交育种奠基人李振声等。

每位育种专家在各自的研究领域中坚持育种与育人并重，为我国的育种工作培育了众多人才。但是同样应该看到，我国在育种人才培养方面还有许多短板，育种行业人才仍然十分短缺，人才问题仍然比较突出。育种人才培养方面的问题主要可以归纳为以下三点：一是每个品种的种子育种周期均比较长、任务量大、难度大，而对育种科技人员的支持难以长期稳定，评奖、职称晋升等评审难以量化推进，导致对相关人员激励不足，需要制定符合育种行业的激励制度；二是育种工作常与试验田为伴，条件艰苦，不少年轻科研人员不愿到试验田做试验，需要严格相关考核制度，优化实验室与田间试验的时间占比；三是育种 4.0 时代是"生物技术 + 人工智能 + 大数据信息技术"育种，育种行业需要更多复合型人才而非传统的纯"育种"专业人才，国家应该加大育种行业对其他人工智能专业、大数据信息技术等相关专业人才的吸纳力度，发挥复合型人才在育种行业的作用，助力我国的育种行业发展。

下一步发展思路

1. 建议开展智能育种方面的研究，重点关注基础共性平台的研究。育种的基础共性平台的研究水平直接反映了国家的育种科技水平，是综合国力的体现。我国与世界生物育种强国基础共性平台的技术水平仍有较大差距，需要加强智能育种方面的研究，提升具备自动化、高通量、规模化、大型化基础共性平台的研究水平。

2. 建议加强对作物种子数据的采集。我国在转基因技术、基因编辑技术、基因组学技术等育种技术方面已经积累了大量有用数据，我们需要重视相关数据的采集，为智能化育种积累宝贵的数据资源。

3. 要做好系统管理，建立从育种到生产全链条的育种技术体系。以种子公司为例，目前我国种业公司数量多、体量小，行业格局较分散，无法形成有效合力。我们应该加强育种行业的系统性管理，构建育种研发到良种推广的育种技术体系。

4. 开展育种 4.0 阶段的研究，需要建立一个新的技术路径，不能总是在别人划定的技术路线上推进。每个国家都有自己的国情，我们要设立符合中国特色的先进的育种思路和方法，并持之以恒地研究下去。我们在育种领域应该有自己的原创性思想，要明明白白"领跑"而不应该迷迷糊糊"追赶"，应该在符合中国特色的领域进行思路与方法的探索，在不断完善中一路前行。

小 结

我国的种业总体上是安全的，过去几十年，一代又一代的育种专家为保障我国的种业安全作出了杰出贡献。我们与世界种业巨头国家还有一些技术上的差距，一个重要原因是我们按照别人划定的技术路线从头积累，自然存在一道道人为设定的技术门槛。要打好种业翻身仗，一定要开展自己的技术体系研究，形成符合中国国情的育种目标、理论、技术和产业路径。

农机是"重器"，爬坡而行显身手

观点

　　探索农业智能化，就必然离不开农机装备的支撑，我国的农机工业体系经历几十年的发展，已经成为全球第一的农机生产制造大国。但是我们要看到全球农机巨头正在加快推进新的农机装备的研制和产业化，如果我们不提前布局，就有被拉开差距的可能，因此，本节重点阐述如何发展智能农机以及基于智能农机的农业服务的发展思路。

发展智能农机装备是我国农机工业转型升级的需要

　　农业机械装备是实现农业现代化的主要技术手段，20世纪50年代，毛泽东提出"农业的根本出路在于机械化"的著名论断。在过去的60年里，我国推动实现农业现代化的主要举措也一直集中在推动实现农业的机械化。党的十九大以来，为贯彻实施乡村振兴战略，农业机械装备也伴随着农业生产模式革新开始转型升级，农机装备逐步由单纯的机械化装备过渡到信息化装备，并朝着智能化装备的高级阶段发展。鉴于农机装备对我国农业发展的重要性，在国务院印发的《中国制造2025》中，农业机械装备领域被列为重点发展的十大领域之一，这也是十大领域中唯一一个支撑农业发展的制造业领域。2017年，民盟中央受中共中央委托，就农机装备产业发展开展调研，并向中共中央递交了关于《以改革创新为引领，加快推进我国农业机械装备制造转型升级》的政策建议信。2018年，民盟中央继续针对"如何破解我国农机产业创新发展的难题？"展开深入调研，希望通过调查研究为我国农机产业振兴找到一条可行路径。

从本质上讲，回答"为什么要发展中国人自主可控的高端智能农业装备？"的问题，是为了回答"21世纪的中国，由谁来种地？用谁的设备来种地？用什么样的设备来种地？"的问题。随着我国城镇化进程的加速，大量农村劳动力外出打工，其中一部分农村人口逐步转为城市人口，农村劳动力的短缺导致出现日益严峻的土地"撂荒"的现象。21世纪出生的一代很难再像他们的父辈一样从事传统的"面朝黄土背朝天"的农业生产。有统计数据显示，2017年进城务工人员平均年龄为39.7岁，50岁以上进城务工人员占比为21.3%。年轻人从事农业的比例呈下降趋势，乡村振兴战略的实施需要吸引更多的高端技术人才回到农村成为职业农民，他们需要借助高端智能农机来从事现代化的农业生产，使城镇化发展和乡村振兴相得益彰、良性互动。同时，发达国家的城镇化发展的经验告诉我们：只有土地集中才便于规模化生产，才能够节约生产成本；只有依靠高端农机装备，才能实现集约和高效生产。美国的大型机械化农业生产现状是不到2%的农业人口实现了耕作 29 亿亩耕地，养活了全球近 20 亿人口。现阶段，我国仍然有 3 亿多从事农业生产经营的人口，耕地面积为 20.4 亿亩（2016 年）。零散的小农经济耕作模式不仅不能满足农业现代化的发展需求，还会影响粮食安全。因此，我国的农业生产方式，也必须逐步朝着借助高端智能农机装备实现规模高效的农业生产方式转变。

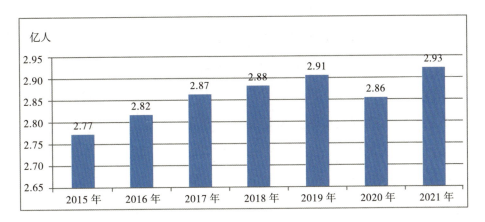

图 3-7　2015—2021 年国家统计局统计的外出务工农民数据

我国现阶段农机创新存在的问题

虽然我国已经成为全球第一的农机生产制造和消费大国，但整体的装备技术水平与全球农机强国相比，还存在不小的差距，不能满足乡村振兴发展的需求，存在的问题主要体现在以下几个方面：

1. 我国农机装备工业长期依靠引进、消化、吸收国外农机技术创新体系，导致我国农机产业“大而不强”，创新基础相对薄弱。

我国的农机工业技术体系大致经历了三代发展历程：第一代形成

于20世纪50年代，引进苏联哈尔科夫拖拉机厂的"德特54"式拖拉机，进而形成了我国"东方红"农机品牌；第二代形成于20世纪80年代末，引进意大利菲亚特的中大马力轮式农机体系，该体系支撑了我国农机工业近30年的发展；第三代形成于2016年前后，以美国凯斯公司研制的全球第一台无人驾驶智能农机作为标志，开启了全球农业生产从机械化到智能化的历史转变。由于我国尚未建立自主可控的农机技术体系，我国的农机工业主要是追赶发达国家的技术。而且我国在农机装备核心零部件上长期依赖进口，高压共轨柴油机、控制器芯片及操作系统、无级变速箱、液压提升系统等零部件被美、德、日等国家长期垄断，导致我国的高端农机装备"空心化"问题严重。除核心零部件外，我国在整机装备的技术方面与其他农机强国相比差距较大，以拖拉机为例，20世纪70年代美国就开始研制动力换挡技术，而我国直到2014年才开始研发装备；美国于1980年生产出250马力的拖拉机，而我国直到2015年才生产出240马力的拖拉机。在产品可靠性方面，20世纪80年代意大利的拖拉机平均无故障时长是350个小时，而我国的农机直到2017年平均无故障时长才达到330个小时。综上所述，如果不提前部署农机装备战略发展规划，我国的农机工业就将难以实现超越。当前，以美国、德国、日本和意大利为代表的世界农机强国纷纷开展以智能化为代表的第三代农机装备创新体系建设，我们正与世界农机强国站在同一起跑线上，我国必须要加紧构建中国自主可控的第三代农机创新体系。

2. 我国地形地貌复杂，气候变化多样，导致区域性的农业生产模式各不相同，农业机械化发展水平极度不均衡。

纵观全球发达国家的农业发展模式，各国均走出了符合各自地域特征和农作物生长特点的农业机械化道路，如：以色列的"沙漠农业"，根据其地理和气候特征，形成了全球领先的水资源节约型的现代科技农业；日本的丘陵水田农业，以分散的小地块作业模式，催生出了全球排名前五的久保田农机企业，实现对水田农业生产的机械化全面覆盖；美国的地理特征是地势平坦，城镇化水平很高，规模化的农业生产促进了美国大马力高端智能农机的快速发展，农机装备技术全球领先；此外，德国、法国、英国、意大利等均走出了符合各自国情的农机产业发展道路。我国地域辽阔，经纬度跨度大，地形复杂多变，导致我国的农业生产呈现出多样化的特征，如长江中下游地区的水田农业、东北黑土地的规模农业、宁夏青海地区的干旱农业、西南地区的丘陵山地农业、渤海湾地区的盐碱地农业等。复杂的地理气候特征使我国农作物的品种多样化，因此所需要的农业机械装备也应当符合这些区域的农作物特点。现状是，我国的农机品种主要聚焦在水稻、小麦、玉米等作物的耕种收环节，缺少针对棉、麻、油、糖等作物耕种收的农机研制，缺少针对丘陵地区适用农机的研发布局，农机种类扎堆现象严重，存在低水平重复现象。

3. 我国农机装备产业"走出去"成效不显著，对"一带一路"沿线国家及全球的农业生产影响力不足。

我国的农业生产所需要的农机，一方面大量依靠进口发达国家的高端农机以满足东北、西北及各地大型农场的生产需求，另一方面，国内生产的大量中低端农机长期依靠政府补贴，出现产能过剩的局面，且对外出口所占的比例不高。同样作为发展中国家的印度，其生产的

"马恒达"牌农机，已经在非洲各国占据市场主导地位。"一带一路"沿线国家急需中小型农机装备，发达国家不愿意制造，沿线国家没有能力制造，而我国的农机产业产能过剩，销路不畅。非洲国家目前的农业生产效率和生产水平较低，主要的谷物亩产水平只有全球平均值的三分之一左右，他们亟需解决农业机械"从无到有"的问题。我国一方面要提高产品质量，开发生产符合上述地区特点的农机装备，另一方面也要加大海外市场开拓，提高农机装备的科技服务水平。

未来战略发展建议

在全球农机强国纷纷开展第三代农机创新体系建设的关键时刻，以支撑乡村振兴战略的需求为牵引，系统布局和规划我国农机产业发展路径，优化资源配置方式，促进我国由"农机制造大国"向"农机制造强国"转变，正当其时。建议可从以下几方面着手：

1. 在国家层面协作成立专门指导农机装备创新发展的第三代农机协调委员会，制订中长期农机产业发展计划，制定面向"一带一路"沿线国家的农机产业发展战略。例如，攻关现有农机以内燃机控制芯片和操作系统等核心部件为代表的"卡脖子"技术，补齐短板；完成第三代智能农机成套装备技术体系的构建和标准化，实现第三代智能农机成批量、多品种生产；使大部分新农机基于第三代技术体系设计制造，形成以第三代农机为核心的"农业 4.0"整体解决方案；将基于我国第三代农机技术体系的产品全面推广到"一带一路"国家，帮助沿线国家的农业生产进入智能时代。

第三代轮式技术体系　无人驾驶、高精度定位、大功率电机控制、电池管理系统、氢燃料电池技术、路径规划技术、电子控制芯片、集群驾驶、智能识别系统、模式识别、天地一体化互联技术等

第二代轮式技术体系　电动燃油喷射、可控转速及风向的风扇、高压共轨、增加及降噪、总线控制、动力换挡、无级变速、前置动力输出、湿式多片离合器、弹性前桥、差速锁管理、大转向角、无车架、半车架、全车架、负荷传感系统、开心系统、电动液压、人机工程驾驶室等

第一代履带式技术体系　差速转向技术、动力系统、湿式主离合器、动力换挡变速箱、行星传动、静液压传动、转向杆操作、弹性行走系统、液压张紧机构、大半架等

共性基础技术演进　柴油机　变速箱　变量马达　电比例阀　液压泵　控制芯片　操作系统　ECU　网联　大数据

1959 年　　　　　1988 年　　　　　2018 年　　　　　2035 年

图 3-8　农机体系演变历程

2. 整合现有的国家级农机创新平台，形成围绕第三代农机装备开展超前布局的重点实验室，重点攻关关系未来的关键技术。联合我国农业工业的龙头企业以及大学和科研机构，主动面向国民经济主战场的产业需求，开展面向新一代农机技术体系的装备研制。面向新一代智能农机装备攻关农机专用核心控制芯片、传感器等关键零部件，同时要构建面向全国农机的行业数据分析平台，形成支撑新一代农机创新的专利池，在我国传统农机工业基地和民族品牌基础上，打造全国乃至全球的农机产业技术创新高地。

3. 调整当前农机购置补贴方式，改为支持智能农机的作业补贴，研究讨论在《中国制造 2025》五大工程之一的"高端装备创新工程"

框架下，启动"超大马力第三代智能网联农机"重大项目立项。通过改变传统的农机购置补贴方式，调整部分农机补贴资金，以支持第三代智能农机创新体系建设和装备研发，组织产业科技力量，研制代表行业最高技术水平的超大马力智能网联农机，系统突破困扰农机产业的机械核心部件和电子核心部件产品，参与全球第三代智能农机的动力、智能、集群等核心指标竞争。通过重大装备的研制和突破，引领整个农机行业的技术水平提升，让我国农机产业能产出智能农机领域的"国家名片"和"大国重器"。

4. 加大对第三代农机产业创新体系建设的重视程度，在国产农机品牌的基础上，打造世界级的农机产业集群。在科研院所和高等院校的支撑下，支持我国国产农机品牌通过聚集国内科技创新资源，在第三代智能农机产业兴起的 20 年内，打造产值规模能够与世界级农机公司抗衡的农机公司，打破目前全国农机行业企业碎片化的局面，打造具备实现年销售额过千亿实力的世界级农机装备公司，像信息领域孵化世界级企业引领全球通信产业发展一样，引领世界智能农机产业的发展。期待在乡村振兴战略实施的三步走过程中，新一代职业化的中国农民用基于自主创新体系研制的智能农机进行现代化的农业生产。

新的农机技术体系呼唤新的产业模式

从农机发展历史和演进规律来看，智能农机技术和产业链的发展成熟仍需要一个长期过程，在相当长的一段时间内，传统农机体系仍然会存在。传统农机体系中可移植智能农机体系中的无线通信、物联网、传感器、无人驾驶、大数据等技术，通过信息化的武装向智能化的方向演进。示范基地可在为现有农机厂家提供技术升级方案和智能化鉴定的同时，探索针对现有农机以旧换新的升级政策，加大面向智能化农机装备尤其是新能源电动型农机的补贴力度，加强引导技术落后、排放超标、作业效率低下的农机有序退出，促进农机主流技术和市场向智能农机逐步过渡。

在服务模式设计方面，大数据技术和智能农机装备的结合将塑造数据驱动的智慧农业生产系统，示范基地可担当起农机产业上下游之间的桥梁作用，积极推动建立类似于信息产业的分工体系。借鉴信息领域的企业，以标准体系、关键技术、示范方案和鉴定服务为核心和基础，把农机转变为以信息技术为核心的高科技产品，联合打造面向金融–制造–部署–租赁–按需支付的互联网化农机服务体系，创建农机行业与现代服务业结合的新型业态，依靠数据平台促进农机产业朝着制造服务业发展。

小结

　　我国是农机生产制造大国，但在农机装备的研制和产业化方面，与发达国家还有不小的差距。现阶段我们亟需提前布局，在国家层面制定长期的农机产业发展计划，积极整合现有的国家级农机创新平台，重视第三代农机产业创新体系建设，全力推进我国农机工业的转型升级。

农机领域捷报频，多点开花增动力

观点

改革开放以来，包产到户等一系列政策的实施极大地激发了农民的生产积极性，促使我国适用不同地形、不同作物和不同环节的各种农业机械不断涌现，全国形成了三大主要农机产业基地，农作物综合机械化率不断提升，为我国粮食产量不断取得新高奠定了坚实基础。

农业机械化水平不断提升

1959 年，毛泽东同志提出了"农业的根本出路在于机械化"的著名论断，为我国农业发展指明了方向。改革开放初期，随着家庭联产承包责任制在各地的落实，农民从事农业生产的积极性大幅提高，农业机械化的发展迎来了新的契机。2004 年以来，我国农机制造水平稳步提升，农机装备总量持续增长，农机作业水平快速提高，农业生产已从主要依靠人力畜力转向主要依靠机械动力，进入了机械化为主导的新阶段。农业机械化在推动工业化和城镇化发展，解放农业劳动力，提高土地产出率、劳动生产率和资源利用率，支撑农业农村现代化发展，保证粮食安全和促进农业经营主体产业化规模化生产等方面发挥了重要作用。

1984 年国家颁布的《关于农民个人或联户购置机动车船和拖拉机经营运输业的若干规定》，允许私人购置机动车船和拖拉机并经营运输业，放开机械化的创制，鼓励民办机械化的发展。但由于原来的农机发展主体国营和集体农机站逐步解散，国家在农业机械化和农机工业方面的投资逐步减少，同时因为土地经营主体变成了超小规模的农户，大中型农业机械保有量增幅整体呈下降趋势，小型拖拉机保有量呈快速增长趋势，农业机械化整体发展反而出现了短暂的停滞甚至滑坡。据统计，1979—1986 年期间，农机总动力从 1.34 亿千瓦增长到 2.29

图 3-9　手扶式拖拉机

亿千瓦，大中型拖拉机从 66.7 万台增长到 87.1 万台，小型拖拉机从 167.1 万台增长至 452 万台，但全国机耕率和机播率反而从 42.4% 和 10.4% 下降至 40.85% 和 9.12%。①

20 世纪 80 年代中后期，随着乡镇企业的异军突起，农村经济取得空前发展，大量农村劳动力向第二、三产业转移，农村劳动力资源出现逐步减少的趋势，更加刺激了小型农业机械的爆发式发展。除了出现大量作业、运输兼用的小型拖拉机外，农用运输车一跃成为农机制造业领域的头把交椅。1993 年，我国农用运输车产量达到 139 万辆，首次超过拖拉机产量。② 1996 年，"五征""飞彩"等 11 个品牌的农用运输车开进了中南海，受到党和国家领导人的检阅和肯定。这一年，我国小型拖拉机保有量达到 1135.5 万台，占全国拖拉机保有量的 95.9%。③

进入 21 世纪，国家在顶层设计上愈加重视农业机械化。2004 年全国人大常委会通过《中华人民共和国农业机械化促进法》，这是我国第一部关于农业机械化的法律，明确了农业机械化在经济发展中的法律地位，从科研、生产、流通、售后、应用、推广等多个方面制定了具体措施，并对购置农机进行了中央财政的大幅补贴。同年出台的《中华人民共和国道路交通安全法》从法律上确定了农机职能部门作为农机动力机械安全管理的执法主体地位。自此，我国农业机械化发

---

① 数据来源：《中国统计年鉴》《农业部农业机械化统计年报》。
② 宗锦耀，刘宪，李斯华，等：《新的探索 新的跨越——中国改革开放三十年中的农业机械化》，《中国农机化》，2008 年第 6 期。
③ 数据来源：1996 年底第一次全国农业普查。

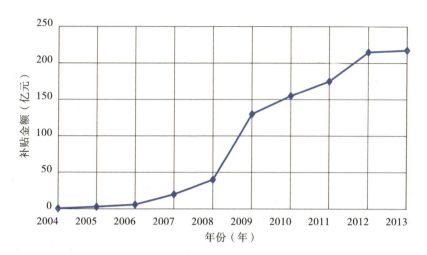

图 3-10　2004 年以来国家农机购置补贴资金

展进入了有法可依、依法发展的新阶段。此外，2004—2008 年连续 5 年的中央一号文件，均对当年的农业机械化发展提出了具体要求和任务，极大地促进了农业机械化的快速发展，我国农机产业进入了"黄金十年"的高速发展期。

截至 2012 年底，全国农业机械总动力达到 10.25 亿千瓦，首次超过 10 亿千瓦。拖拉机保有量达到 2282 万台，拖拉机配套农具 3844.14 万部。[1]其中大马力、多功能、高性能的大型拖拉机（55.8 千瓦以上）50.8 万台，播种机、水稻插秧机、稻麦联合收获机、玉米联合收获机保有量分别达到 580.2 万台、50.7 万台、104.5 万台和 23.3 万台，农产品初加工机械数量 1316.74 万台。中央财政农机购置补贴金额 217.55 亿元，惠及 382 万家农户，补贴农机数量 594 万台。[2]

① 数据来源：《2021 年全国农业机械化发展统计公报》。
② 数据来源：《2021 年中国农业机械工业年鉴》。

141

农机工业体系取得辉煌成就

随着农业生产模式由集体生产模式转变为包产到户，原有的农机技术体系已难以满足个体化农业生产过程中复杂多变的使用需求，市场在农业机械化发展中的作用逐渐增强，于是十大农机制造厂纷纷推出满足农村改革的小四轮、小手扶、插秧机等农机产品，但是这些自主创新产品属于"土法制造"，"体系"先天不足。在"技术换市场"的思路指导下，我国于 20 世纪 80 年代末开始成套引进意大利菲亚特的中大马力轮式农机体系，建立在这一体系上的农机工业虽然取得了巨大的成就，但由于缺乏基础共性技术研究，核心零部件长期依赖进口，整体的技术水平与国外农机强国相比，还存在巨大的差距。

2003 年 12 月，胡锦涛在山东视察农机企业，鼓励农机领域技术含量高、综合能力强的龙头企业带头攻关，带动我国农机工业形成技术突破。经过近十年的持续努力，我国在农机装备和技术领域取得了显著成绩，成功研制具有自主知识产权的 300 马力动力换挡拖拉机和大型复式配套作业机具；水稻机械化精准种植、棉花全程机械化、苜蓿饲草生产机械化、大宗果蔬田间机械化、植保无人机等装备取得突破，棉麻糖油果蔬茶等重要经济作物的专业农机装备基本实现国产替代；支撑精细作业的自动导航、智能化控制技术和装置进入实际应用阶段；农机复杂部件快速精益制造和关键部件新型材料等技术取得突破，装配工艺技术和涂装工艺技术基本接近汽车工艺标准。

截止到 2012 年，我国农机工业已基本具备了与我国农业发展水平相适应的大、中、小机型和高、中、低端技术档次兼备的产品体系，

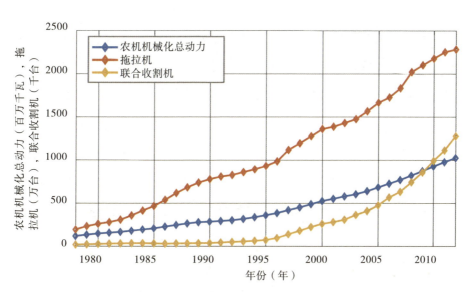

图 3-11　我国农机总动力和主要农业机械保有量变化情况

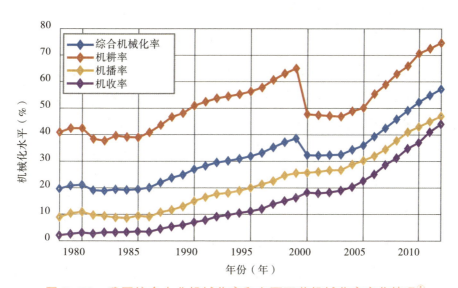

图 3-12　我国综合农业机械化率和主要环节机械化率变化情况[1]

（2000 年机耕率统计办法有变，按照 1996 年第一次农业普查耕地面积 1.3 亿公顷计算）

[1] 数据来源:《中国统计年鉴》《农业部农业机械化统计年报》《中国农业机械工业年鉴》。

形成了以河南洛阳、山东潍坊、江苏常州为主的三大农机生产制造基地以及浙江、安徽、吉林、河北等局部地区一定规模的产业聚集，涌现出洛阳一拖、山东雷沃、江苏沃得、常州东风等整机龙头以及潍柴、玉柴、全柴等柴油动力发动机行业龙头，主要农机产品品种和产量已能满足国内市场 90% 以上的需要。同年，我国规模以上农机企业主营业务收入达到 3097.6 亿元，企业利润总额 213.7 亿元，出口 258.91 亿元[①]，一举超过欧盟和美国，成为全球第一农业机械制造大国。

农机社会化服务助力农业生产换挡提速

改革开放之前，我国农机企业在"产、供、销"产业链中只负责生产环节，产品销售主要由政府主管部门统筹安排，企业没有市场竞争压力。改革开放后，政府对农机工业的主导地位让位于市场，农民开始私人购买拖拉机运输车，并尝试农业生产运输的经营。1980 年秋，安徽省霍邱县 6 户农民集资购买 2 台大中型拖拉机及农具，办起全国第一个农民自主经营的拖拉机站，国内农机社会化服务迈出了历史性的一步。1986 年的"三夏"时节，8 台小麦收割机从山西太谷县南下运城，开启了我国小麦联合收割机跨区作业服务的先河。[②] 1996 年原农业部出台了鼓励农机跨区作业的政策措施，并首次在河南省组织召开了全国"三夏"跨区机收小麦现场会，推动了跨区机收这种新型农

---

① 数据来源：《2012 年中国农业机械工业年鉴》。
② 宗锦耀，刘宪，李斯华，等：《新的探索 新的跨越——中国改革开放三十年中的农业机械化》，《中国农机化》，2008 年第 6 期。

机服务模式的发展。当年，北方 11 个省 2.3 万台联合收割机参加小麦跨区机收，此后农机跨区域服务迅速发展，农机社会化、市场化服务进程加快。

随着农业机械化的进一步发展以及市场需求的进一步扩大，农机跨区作业开始从小麦机收拓展到水稻、玉米等更多农作物的生产环节，服务内容也从产后收割作业，拓展到产前耕种和产中植保等环节。同时，农机购置补贴延伸至农机作业补贴，全国农机跨区作业的规模和范围不断扩大，成为我国农机社会化服务的主要模式之一。期间陆续涌现了农机大户、农机合作社、农机专业协会、股份（合作）制农机作业公司、农机经纪人等新型农机社会化服务组织。2006 年，全国人民代表大会通过了《中华人民共和国农民专业合作社法》，为农业机械合作组织的建设与发展提供了制度性的保障。

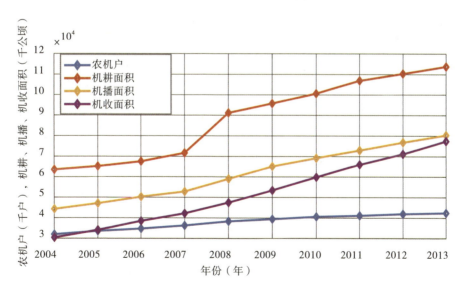

图 3-13　2004 年以来我国农机社会化服务情况

此后，随着农业劳动力老龄化、兼业化的发展，很多地区的农业劳动力短缺和土地撂荒现象愈加严重，农机作为贯穿农业生产上下游的核心装备，在推进农民与现代农业发展有机衔接中发挥了越来越重要的桥梁作用。截至 2012 年底，全国已拥有农机化作业服务组织 16.7 万个，农机户 4192.3 万户；完成农机社会化服务面积接近 40 亿亩，占全国农机化作业总面积的三分之二左右，经营服务总收入达到 4779 亿元，总利润达到 1858 亿元[①]，农机社会化服务已成为发展现代农业、激发农业农村活力的重要力量。

小　结

经过改革开放 40 余年的发展，我国成为了世界农机生产和使用大国，全国农作物耕种收综合机械化率已超过 50%，农业机械化发展跨入中级阶段。广大农机从业人员针对我国复杂地形地貌和不同作物在不同环节的作业需求，在机械化的基础上不断加强自动化和信息化技术的融合，农机技术水平和服务能力等多个方面均取得了巨大的成绩，为实现人民群众从"吃得饱"到"吃得好"提供了技术和装备支撑。

---

① 数据来源：《农业部提出农机社会化服务两个翻一番目标》。

第四章

玩最尖端的科技，
用勇气搏击"科技浪尖"

我国传统农业多为小规模分散经营的模式，面临劳动力短缺、劳动生产率低等问题，所以适度规模的经营是未来农业发展的必然趋势。近年来，北斗导航、5G 等技术应用到农业生产流通、服务等环节，在一些地方，农业不但改了模样，还变了内涵：物联网、大数据引领"无人化"农业正逐步替代看天浇水、靠经验施肥的传统耕作模式，数字农业将会是农业现代化的更高级阶段。我国"十四五"规划首次将粮食综合生产能力作为安全保障类约束性指标，在经济社会发展主要指标中予以明确。

在技术上，传统农业生产依靠"大水大肥大药"的增产模式不可持续，我们必须探索出一条利用信息技术、生物技术支撑的科技支撑型农业发展模式，需要大力推进信息技术与农机农艺融合，发展智慧农业，这是实现我国农业高质量发展的重要路径，也是保障国家粮食安全的必然举措。

畅想未来农业，将是一幅什么样的画卷？如何跳出目前已经可以预见的技术体系，勾勒出更加长远的农业生产场景，这是本章关注的问题。我们从构建信息空间的粮食稳定器畅想起，依靠信息技术的无限模拟与仿真，为每一寸土地提供开展农业生产所需的各类要素，依靠人工智能给出最优的种植解决方案。同时，将不同地区的农业生产经验模型化、程序化，畅想未来农业的装备形态，构建农业进入"智能时代"的生产场景。

"农业智能化"，唤醒休眠信息空间

观点

农业生产系统是一个庞大且复杂的系统。农业问题有着明显的时间空间特征，需以时空视角加以认识和解决。

构建信息空间的"国家粮食稳定器"，能在已有农业信息管理系统的基础上，以农业空间数据为基础，结合作物生长模型和农业管理知识模型，无数次模拟仿真。实现与农作物生长相关数据的采集、管理、处理、分析、建模和可视化，减少决策不科学带来的损失。为政策制定者和一线农技人员提供准确的农业空间信息及决策支持。

"伏羲系统"有着类似人类的感官力，能够实现区域、园区、田块等不同尺度的农业信息的模拟、预测及精确管理。增产的根本出路在于科技，因此，着力推进农业科技装备全领域突破，不断提升农业机械化、信息化、智能化水平，将田间地头激荡的科技动能转化为一季一季的丰收，粮食安全的支撑保障才能越来越强。

构建信息空间的国家粮食稳定器的必要性

一直以来，中国都是一个农业大国，农、林、牧、渔各类农业资源丰富。但相较于西方发达国家，中国整体的农业现代化水平还有较大差距。尽管当下政策层面一直在积极推进智慧农业的发展，但要从农业大国变为农业强国，国内农业生产、存储、运输、销售等各环节的信息化水平还有待提高。

据联合国人口司预测，要实现到 2050 年供养 100 亿人口的目标，粮食生产需从 2016 年的 29 亿吨增长到 50 亿吨，其中 20% 左右来自新增耕地面积，剩余 80% 左右则需要依靠智能农机装备通过更为精准的农业生产来实现。因此，农业不仅要抓住"种子和耕地"，更要在"工具"上下功夫。从国外农业科技的发展趋势看，信息技术已经成为推动农业生产力发展的核心驱动力。欧美国家由于农业机械化完成得比较早，从 20 世纪 80 年代就开始了农业信息化的探索，经过多年积累，已形成基于土壤、气象、作物、遥感等多种数据深度融合的农业系统解决方案，并打通了农业生产与农机之间的数据通道，初步形成了"数据决策 + 农机执行"的技术生态壁垒，数据科学被认为是继基因科学之后下一个必须占领的科技制高点。欧美国家的 AI 创业公司纷纷将人工智能的理念和技术引入到农业生产中来，甚至提出依靠信息技术实现"每一小时、每一滴水、每一粒种子、每一磅和每一次传递都有价值"的农业精细化管理的理念，并开展田间的"株级"管理，用先进的农业智能技术对每一株作物实现精细化管理。

反观我国，许多农业企业虽然也意识到信息技术对企业发展的促进作用，开始建立自己的数字化系统，但农业在生产、经营、营销、交付、售后等各个环节的打通和使用数字化工具上，与工业互联网还是有很大差距。这也导致很多农业企业虽然接入了一些信息系统，但由于难以与企业的生产系统打通，无法从根本上提升企业经营效率，实现整体的数字化升级。有些企业甚至因此半途而废，放弃了数字化升级；也有些企业尝试加大投入成本，构建自己的数字化平台，但效果并不显著。

如果我国的农业还处于"跟进""模仿"和"学习"的状态，依然跟着欧美国家的技术路线开展"点"上的技术攻关，不能形成完备的农业智能化技术体系，我们就永远无法解决我国农业生产面临的系统性问题。因此，必须立足自主和超前引领的设计，加快构建符合我国国情的农业智能化系统。

黑土地保护急需体系化信息系统的支撑

相较于大气物理和新型材料等重大战略领域科学，传统农业科学的发展较多依赖经验和简单统计的建模，与计算建模的结合相对较弱，直接制约了农业科学现代化的发展。尤其是在智能化时代，农业本身数据采集不足，计算建模方法缺乏，使得知识挖掘不充分。因此，智能农业要解决的首要问题是农业科学的计算建模。鉴于其他学科的经验，发展可计算的模型和模拟系统是行之有效的技术途径。然而，不同与物理、化学等领域较为单纯的科学发现活动，农业是一个与生产过程紧密联系的科研实践活动，因此，亟需构建基于新建模范式的农业模拟器系统，实现人工模拟系统和真实生产系统的在线迭代平台。

为了应对农业生产"智能化"的发展挑战，我们设想未来的农业生产由基于农业智能技术的农业模拟器系统来执行，我们将这个模拟器命名为"伏羲"系统。该系统研发的目标是实现"计算机"替代"农民"的决策，决策的依据来自对农业生产数据的分析。目前，依靠人工智能技术替代人做决策的系统的探索存在于医疗、游戏、交通等领域，在农业领域还没有针对复杂农业生产系统开展智能替代的成功案例。之所以命名为"伏羲"系统，是因为伏羲是华夏民族的人文先始"三皇"之一，他根据天地阴阳变化创造了太极八卦——被认为与17世纪德国科学家莱布尼兹发明"二进制"具有同样的哲学基础，而二进制又是信息技术的基础。

"伏羲"系统可以类比为农业生产领域的阿尔法围棋（AlphaGo），类似芯片巨头英伟达（Nvidia）推出的 Omniverse 平台在制造业和自动驾驶构建模拟环境。"伏羲"系统以信息技术为主要手段，通过农业生产全过程中的数据采集在信息空间建立农业生产的"孪生系统"，也就是将农业生产过程搬到信息空间开展自主学习和训练，将最优的农业生产与种植解决方案交付给农业生产者在物理空间最终执行。

"伏羲"系统不同于其他农业生产指导系统之处在于，"伏羲"系统是构建于海量信息之上的新范式系统，不但聚集了中国科学院计算所团队的信息技术及国内优质科技资源研制的高端农机装备，能面向各类示范基地出售产品和提供服务，而且依托中国科学院计算所产业化公司的产业基础，形成了以第三代农机为核心，汇集育种、生物、土壤等数据的农业模拟器装置系统。"伏羲"系统能够实现物理空间与信息空间系统的实时在线交互，可以实时根据物理环境调整决策，是一种将生产实践系统与理论模型实时链接的"理论联系实践"的系统。

"伏羲"系统的架构与内容

农业生产是人利用自然资源获得生存的一种手段，"伏羲"系统"对弈"的对象是大自然。

"伏羲"系统有着大脑般的模拟器装置，可以高性能计算，实现模型训练并进行模拟，提出不同的解决方案。"伏羲"系统中，有着手脚般的"第三代农机"，对标约翰迪尔等高端农机，搭载200多个传感器，成为农业生产系统的数据爬虫，全方位采集农业生产的数据；有着神经网络般的"卫星通信网"，其"高定位、低成本"的特点能解决低价值密度的通信覆盖；有着心脏般的"共享清洁能源"，能在全国农业生产区域设立清洁能源采集系统进行全年收集，农忙期间则从电网取电池，利用KBS区域调度方式，实现电池组根据农业生产"潮汐"特点进行电池跨区调度。"伏羲"系统还有着骨骼般的"土地网格化管理"，在高标准农田基础上开展智慧型农田的技术研发与示范，以5万亩为一个网格，合计1万个网格，服务5亿亩种植覆盖，从科学的角度给出农业种植方案。

"伏羲"系统的组成按照农业生产过程分为如下四个部分：

1. "伏羲"感知系统：通过农业传感器技术精准地测量和采集涉及农业生产的"水、土、气、生"信息。对物理世界的准确测量是做出正确农业生产决策的基础，土壤肥力和墒情（土壤湿度）的测量数

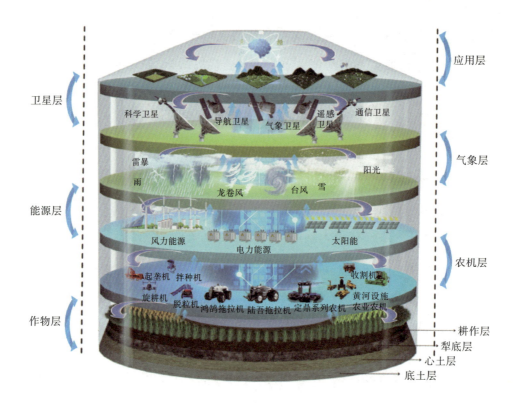

卫星层

能源层

作物层

应用层

气象层

农机层

科学卫星　　导航卫星　气象卫星　遥感卫星　通信卫星

雷暴　　　　　　　　　　　　　　　　　　　　　阳光
雨
　　　　　　　　龙卷风　　　　台风　雪

风力能源　　　　　电力能源　　　　　太阳能

起垄机　拌种机　　　　　　　　　　收割机
旋耕机　　　　　　　　　　　　　　黄河设施
　　　脱粒机 鸿鹄拖拉机 陆吾拖拉机 定鼎系列农机 农业农机

耕作层
犁底层
心土层
底土层

图 4-1 "伏羲"系统：基于全要素模拟的农业智能系统

据是精准施肥和浇水的基础，突破土壤、气候、作物表型等农业传感器技术是关键。

2."伏羲"通信系统：农业通信系统不同于工业互联网系统和数据通信系统，农业生产由于亩均价值密度低，需要广域覆盖的低成本通信系统支撑。因此，结合地面移动通信、应急通信、卫星通信等技术形成农业专用通信系统十分关键。5G 被认为是工厂热点通信技术，而基于卫星组网的 6G 通信是农业通信系统的最佳选择，海量的碎片化数据包与卫星容量有限之间的矛盾是农业通信网络面临的核心挑战。

3. "伏羲"中枢系统：构建支撑"伏羲"系统的超级计算中心，实现对农业生产数据的实时和快速处理。"伏羲"算力中心最终为农业智能系统提供计算服务，算力中心需要实时处理海量数据并支持农业模型的训练，以及农业智能算法的求解；同时将决策指令下发到"伏羲"系统链接的农业生产现场，为不同地块的农业生产决策提供支撑。

4. "伏羲"作业系统：基于人工智能系统对天气、土壤、物种、水等农业生产要素进行综合判断与决策，根据要素的变化模拟仿真亿万种可能，根据生态目标优先、土壤保护优先、粮食产量优先、粮食质量优先等不同目标，选择最优解输出到智能农机进行执行。

"伏羲"系统的应用非常广泛，比如空天地一体化网络、无人农机自动作业、无人自动植保、基于大数据的自动指控、遥感监测、设施农业的自动控制、产量预测、虫情监测等，都是其在农业生产过程中通过信息技术手段实现定制化和量化描述的最好证明，是系统论与还原论的融合，也即所谓知天而作。

农业智能系统研制面临的挑战

农业智能系统的应用前景广泛，但是从技术攻关到系统开发乃至实际应用依然存在着一系列亟待解决的问题，具体包括如下几点：

1. 农业生产数据的积累。农业数据的收集、积累是实现农业智能化的关键和基础，在这方面我们已经远远落后于世界级的龙头企业。据公开文献资料显示，美国的 Climate 公司每天收集 250 万个地点的天气测量值和气候模型的预报，综合 1500 亿个土壤观测记录，处理生成 10 万亿个天气模拟数据点，实时数据管理量超过 50TB，其信息量是美国国会图书馆全部印刷藏书的 5 倍。而我国农业信息化尚处于发展的初级阶段，尚未形成体系，仅有部分农场进行信息化的初步尝试，采集数据类型和覆盖范围也仅限于有限的土壤、气象数据，投入品和产量精度方面基本只有人工的统计数据。

2. 农业数据模型的训练。有了数据才可以开展针对特定问题的知识模型训练，知识模型也是"伏羲"系统进行生产决策的关键。在农业数据模型积累方面，我国同样与国外存在较大差距。如基于卫星遥感的全球粮食估产，全球四大粮商能够根据全球粮食的产量预测通过期货操控市场，再将炒作粮食期货挣到的利润投入遥感估产模型技术研发中。荷兰瓦格宁根大学在设施农业的水肥控制模型方面世界领先，其将数据与育种、土壤、肥料、温度等因素结合进行研发，荷兰的设施农业种植的番茄每平方米产量 60 公斤以上，是我国设施农业番茄产量的两倍。

3. 农业智能系统的算法求解。农业生产的经验一种是实验室经验，另一种是几千年来农民辛勤耕作积累的经验。而这些经验的积累和数据化，是我国农业实现可持续发展的关键。应将农业种植的决策经验数字化，结合数据积累进行优化，实现符合我国国情的农业生产经验集合。我国种植区域广阔，地形地貌复杂，全国各地的种植形态多种多样，很难像美国大规模农业或者日本单一丘陵水田模式那样聚焦，这是"伏羲"系统农业算法求解的核心挑战。

4. 第三代农机的精准执行。"种子问题""耕地问题""农机问题""数据问题"被认为是农业领域的四大核心问题。中华人民共和国成立以来，我国农业很长时间都是围绕"实现农业机械化"在布局，但是我国的农机工业在解决基本耕作问题后一直没能实现高端突破，根源在于我国的农机装备产业长期以来依靠国外的技术发展，只能生产中低端农机装备，仅能完成基础耕作任务。比如即使通过遥感技术可以给出地块的肥力分布图，但我们的农机不具备根据肥力分布图精准作业的能力。因此，必须解决农机装备的智能化问题，否则只有聪明的"大脑"没有灵巧的"双手"，农业智能化依然是空中楼阁。

"伏羲"系统支撑未来农业形态

数据是"伏羲"系统的原材料，"伏羲"系统就是黑土地数据的加工厂。基于第三代农机的数据采集，实现对黑土地本底数据资源的积累；基于"伏羲系统"的模拟和处理，对黑土地保护的策略进行评估及调整；并努力通过建设让中国科学院黑土地保护指挥控制中心成为国家科学决策的支撑系统，这些都是我们想做的事。

未来，我们将建设数据为核心的"伏羲"系统总部基地，按照建成国家大科学装置的要求进行开发与建设。同时，在全国按照五万亩一个"伏羲"网格设置，目标是把"伏羲"系统打造成为超越孟山都Climate的利器，实现全国商业化推广，探索黑土地现代农业的可持续发展路径。

通过 10 年左右的时间完成 1 万个网格的部署，合计形成 5 亿亩的"伏羲"系统覆盖，每一个网格投入的种子、肥料、农机装备、信息感知系统等按照标准化进行设置，形成"标准网格技术包"，每一个网格的种植品种、农艺选择、浇水施肥完全由"伏羲"系统模拟与决策。"伏羲"系统可作为农业科技成果的集大成者，按照国家粮食安全的部署和要求输出种植计划（如"土壤保护""产量优先""市场调节"等目标），通过超级计算机模拟预测，给出最优的种植方案。

小 结

就像农机装备的发明和使用将农业生产带入"机械化"时代一样，农业进入智能时代，需要设计并开发农业智能系统，实现人类农业生产经验的存储和使用。

"经验模型化"，智能驱动农业生产

观点

我国有近五千年的农业历史文明，从远古的刀耕火种，到石器锄耕，再到铁犁牛耕，几千年积累下来的农耕文化，靠的都是劳动人民的勤劳和智慧代代相传。在这个过程中，生产工具产生了质的变化，耕牛的使用替代了人类的劳作，而农机装备的出现则大大解放了劳动者的体力。劳动者是生产力中最活跃的因素，劳动者的劳动能力不仅取决于劳动者的体力，更取决于劳动者的智力。随着科学技术的发展，劳动者的耕种经验也是可以被计算机替代的，将农业生产的经验技术模型化、程序化，变成计算机可以模拟学习的语言，是未来人们完全脱离农业生产的重要手段之一。

农谚是农业生产智慧的结晶

农谚是广大劳动人民在长期的生产实践中积累并总结出来的经验

结晶，它揭示了农业生产过程中的部分事物规律和客观现象，在几千年的农耕文明中对农事耕作有着一定的指导作用和参考价值。特别是在知识匮乏的封建社会，劳动人民受环境限制，被剥夺了读书识字的机会，他们的经验主要靠"父诏其子，兄诏其弟"的交口相传、世代相袭的方式传授下来，农谚就是其中的一种经验。最早的农谚记载可见于《诗经》《氾胜之书》《齐民要术》等古代农书。农谚的内涵十分丰富，包括了农作物耕种、节气、气象、林牧副渔、果蔬、蚕桑、社会生活等多个方面。随着农业生产技术的改进，对气候规律、土壤、水利等的观察，农谚的内容不断系统化、科学化。

"白露早、寒露迟，秋分种麦正当时""大暑不暑，五谷不起""春分瓜，清明麻，谷雨花""一年红花草，二年田泥好"等，都是劳动人民长期从事农业生产的经验总结。古人将一年分为二十四节气，每个节气都有一些对应的农谚，帮助人们认知一年中的气候、时令、物候等变化规律。农谚反映了把握农时、利用气象、改进农艺的观念，体现了因时制宜、因地制宜、因物制宜的思维，揭示了对农业生产的规律性认识，是对人与自然关系的科学把握，体现了朴素的辩证法思想。

农谚的形成也说明了农业生产经验和规律是可以进行概括和总结的。古代知识的传播受限于文字和语言两种形式，在信息技术发达的现代，如何将农业生产技术经验进行量化，转化为计算机语言，将是农业智能化生产的关键。

布局转换：从经验到模型

模型是模仿客观事物的一种物件，农业模型应用数学建模方法和计算机技术，分析影响农业生产的主要因素（如气候、土壤、作物、社会、经济等），从而对农业生产进行定量研究。

农业模型在农业生产中主要用于决策和预测。按不同的功能特征以及建模的目的和方法，农业模型可以分为以下四类：第一类是经验性模型，建立在统计分析的基础上，偏重于模型预测和应用；第二类是机理性模型，用于对内在机理的解释说明，强调模型的研究性；第三类是描述性模型，用于描述一个系统的行为，可以通过测试的实验数据进行推导；第四类是解释性模型，是通过综合整个系统的机理和过程描述来建立的，需要对整个系统进行分析，并分别对它的过程和机理进行量化的表达。但总体上，所有农业模型从更微观的层次看都可被认为是经验性模型，而从更宏观的层次看又都是机理性模型。如果按不同的学科领域进行分类，农业模型有作物生长模型、动物生长模型、农业气象模型、土壤水肥模型、种植制度模型、农业生产力模型、耕地质量评价模型、病虫害预测模型等不同类型。

任何一个模拟模型均可以根据自身的特性，分解成相互关联的结构成分。以作物模型为例，整个作物生育及其环境系统一般可分解成六个相互关联的子系统：一是作物的阶段发育与物候期；二是作物植株的形态发生与器官建成过程；三是植株的光能利用与同化物生产；四是不同器官间的物质分配与利用；五是土壤-植物-大气-水分关系；六是土壤养分（氮素）动态与植株利用。以上各结构成分通过物质和信息的交流，联成一个作物生长的动态平衡系统，如下图的小麦生长模型框架图。

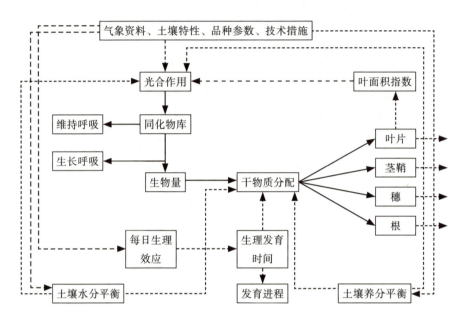

图4-2 小麦生长模型框架图

数据采集是模型建立的前置条件，准确、全面的农业数据采集至关重要，高效、快速、准确的农业生产数据检测技术也是智能化农业发展的必要方向之一。当获取到大量的农业数据后，要想建立准确的模型算法，就要对数据进行清洗和处理，在这个过程中，农业生产大数据的标准体系建设尤为重要。农业生产大数据标准需要围绕涉农数据资源、数据治理、数据服务等方面开展，以数据共享和提高数据质量为目标，为农业技术经验模型化提供数据标准和规范保障。

农业模型的建立能够帮助人们理解和认识生物与非生物过程的基

本规律和量化关系，并对系统的动态行为和最终表现进行预测，从而辅助进行对生物生长和生产系统的适时合理调控，实现优质、高产、高效、生态、安全的可持续发展。

布局转变：从模型到程序

农业模型在农业生产方面具有其他手段不可替代的功能：理解、预测、调控。面向农业生产经验的模型化产出，将会根据理解、预测的结果，反向去指导调控生产计划。农业生产过程，包括选种、整地、播种、植保、秋收等全流程需要多种模型来支撑判断，从而形成整个农事生产流程最优的决策方案和流程。以计算机程序为大脑，形成整套的种植技术方案及流程输出，利用计算机技术和数学方法进行模型求解，了解系统结构和原理，并形成程序化，研究解析和调试。

以某大型农场为例，在面对区域性多作物、多品种可选的情况下，不同地块如何选择最适宜播种的作物和品种成为每年秋收后的一道难题，这是一个复杂的涉及多学科的问题，仅靠管理人员的经验，很难有全面、充分的依据进行合理准确的匹配，智能化管理则可以：利用模型化的思维，将土壤学、农学、农艺知识、管理经验、农事操作经验进行量化，建立模型的算法，再将各类相关要素进行数据归集输入，如地块库的要素包含位置、面积、种植历史档案、积温、降水量、无霜期、土壤状态等数据；种子库包含已完成试验的种子品种、气候要求、农艺要求、积温降水要求、病虫害抗性信息等；社会经济方面包含政策影响、市场影响、农机具条件影响等；农艺库包括整地方案、播种方案、植保方案等，如秸秆还田、留茬覆盖、条带播种、肥沃犁底层等农艺措施。模型系统的计算与土地网格划分相结合，为多尺度作业对象的模拟评估提供作业流程。综合各方面因素判断出既定地块最适宜的种子品种，再根据选种结果生产整套的最优的农事作业流程，减少对主观经验的依赖，实现靠数据决策。这样将大大提高农事作业的效率和效益，实现数据驱动的智能化农业生产。

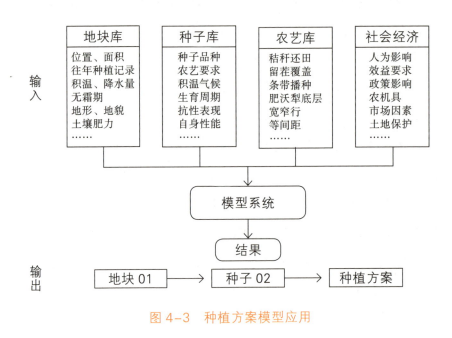

图 4-3　种植方案模型应用

智能化农业系统与生产建设正当时

基于农学模型研制农业智能系统在基础理论突破方面，需要围绕一个科学问题展开：由多学科融合的农业复杂系统的属性、行为和过程的数学表达是什么？如果没有基础理论的支撑，就回答不了这一问题。

就像地球模拟器在研制之初，就要回答一个问题：地球能不能被搬到计算机空间里面被每个科研人员拿出来研究？研究地球的人都希望能有一个可以供自己使用和模拟的地球，因此"数字地球""地球模拟器"就应运而生了。

相较于物理、材料、航天等重大战略领域科学，传统农业科学的发展较多依赖经验和简单统计的建模，与计算建模的结合相对较弱，直接制约了农业科学现代化的发展。农业生产涉及土壤、气象、水文、作物四情等多学科的融合交叉，且拥有较长的周期性和不确定性，很难进行对比研究或是调控一些生产要素进行深入研究和试验，因为农业生产中不同的要素之间会互相影响，如气候要素会影响到土壤要素以及施药施肥，无法形成满足农业科学研究的场景和条件，并且农业生产试验周期长，一个种植季节长达半年至一年，致使农业研究效率低下。因此研制出一个能够自定义各类变量信息的农业模拟器，能够实现人工模拟系统和真实生产的模拟模型系统，是进一步推动农业智能化发展的必要举措。

农业生产过程是可以用数据进行描述的，因为所有的过程都是能够产生具体数据的，这些数据为农业生产过程的数字空间画像做了数据基础，使农业生产现状或结果可以通过数据进行呈现。这些数据在信息空间就可以抽象为一个孪生的系统，这个孪生的系统是被很多参数所定义和控制的，可以实现农业生产过程数字的模型化。这个模型也是被一系列参数所控制的，只要给不同的参数赋值，那么这个系统就可以演变出很多不同的形态。比如黑土地的保护与利用，通过模拟一些具体的保护措施，就可以预测这些黑土地几十年后的走向是变好了还是变坏了。模拟的目的就是了解事物发展的趋势，根据预期目标有选择性地采用最好的调控方式。模拟器的特点是数据是单向进入的，也就是说对物理世界不能做出反馈和控制。而农业智能系统要在模拟器的基础上实现自主地做出反馈，形成闭环的控制，在数据流的基础上不断迭代，通过自主学习，将"模拟器"进化为"农业的大脑"，我们将此称为智能农业"伏羲"系统。

智能农业"伏羲"系统的建设有三项主要任务：一是学习系统论。用系统论来描述农业生产系统，研究农业模拟系统的结构、特点、行为、动态、原则、规律以及系统间的联系，并对其功能进行数学描述。以农业模拟系统为对象，从整体出发来研究系统整体和子系统各要素的相互关系，如气象、土壤、作物等，从本质上说明其结构、功能、行为和动态，以把握系统整体，达到产出最优的农业生产结果为目标。二是实现农业场景的数学表达。数学是研究客观世界数量关系和空间形式的科学，结合农业场景根据实际应用需求和具体条件，实现场景要求的数学表达。如黑土地的状态、盐碱地的健康程度，需要哪些数据以哪种形式能够全面、准确地总结出来，并且通过数学描述出如何对黑土地、盐碱地进行调控。三是研究复杂农业生产系统实现的智能化路径。农业的发展由刀耕火种转变为机械化，由信息化逐步迈向数字化、智能化。农业生产要素的数字化采集是复杂农业生产系统的基础，在感知层采集的海量数据的基础上，通过人工智能、大数据、云计算等技术进一步实现数字化的农业。利用数理统计分析和科学的模型算法，实现农业产业链各环节上的智能化决策分析是核心，模型算

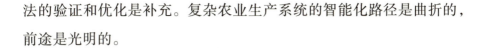

法的验证和优化是补充。复杂农业生产系统的智能化路径是曲折的，前途是光明的。

　　农业智能化与农业机械化是一样的，都可以用数学表达形象且直观地表述出来。探索农业智能化，核心目标就是把种植的过程数字化、标准化，把以往的种植经验进行量化，搬进计算机的虚拟世界里面，进行抽象处理与描述并保存下来。

"农机仿形化"，变形装备田间行走

观点

第三代农机是"智能农机"，仍然是农机装备，未来农业机器人可被认定为第四代农机。农业机器人是按照作业需求研发的仿形类特种机器人，是一种具备观察、推演、决策、执行能力的无人自动化机械装备。农业机器人可以协助农业生产降低劳动强度，预期在未来的无人农场中可以替代农民，承担全部或绝大部分的农业劳动工作。农业机器人已经成为各国在未来农业机械装备赛道上的竞争焦点，也是下一步国家农业机械装备发展和升级的关键。

变迁：智慧农机见证农耕之变

农机装备是将精准农业技术带进广袤农田的重要载体。从第一次工业革命开始，农机装备经历了机械化、自动化、智能化的发展历程，农业机械装备技术不断革新，出现了拖拉机、收获机、插秧机等多种多样的新型农业机械。市场应用最广泛的农机装备多以拖拉机形态出现，面对不同作业需求，以机头搭配不同机具的形式实现。在智能化的发展中，打破传统农业机械的印象是一个趋势，耕种收综合机械化率大幅增长，装备产品种类体系日益丰富，农业机器人的多样化发展将成为农机装备的未来。

传统的机器人分类，习惯性地将机器人分为工业机器人和特种机器人两大类，农业机器人被归类到特种机器人，而实际上农业机器人家族庞大而又丰富。随着人工智能、自动化控制、5G通信、物联网边缘计算等高新技术的发展，机器人在农业中的投入和利用也有了更多的可能，农业机器人的形态和性能呈现出了多样化的特征。在新的技术形态下，搭配机械臂、相机传感、控制芯片、执行机构等新的"手、眼、脑、足"部件，他们的形态不再局限于原来的拖拉机和收获机的形态。目前已经出现像牧羊犬一样在复杂地形下完成信息采集和监测任务的四足机器人，像"保姆"一样代替人类培育、管理农作物的类人机器人，像昆虫一样用于植株授粉的昆虫机器人，还有可以根据环境进行变体的多态机器人，等等。

图 4-4　四足机器人、昆虫机器人

"农机之道，方兴未艾也；士之来究者，盖已千数"，人工智能给农业机器人带来了新的热潮，未来的农业机器人一定是"多才多艺"的，在未来的这场农业革命中，一定会出现许多令人称奇的机器人装置。

典型应用场景：补齐短板，让农机装备牛起来

农业机器人的应用研究是个可细分领域，根据作业内容可分为监测采集、耕翻整地、种植栽培、除草喷洒、收割采摘、分拣运输六大类农业应用机器人。相对于工业机器人的环境可靠、作业流程规范，农业机器人的研制需要深度结合农业作业场景，贴合耕种管收整个作业过程的作业需求，突破地形地貌不确定、种植农艺复杂等一系列问题。农业作业场景主要分为大田作业场景、设施农业作业场景、丘陵山区作业场景三类典型作业场景。

大田作业场景： 大田作业是农业生产中最耗时和费力的生产环节

图4-5　中国科学院智能农业机械装备工程实验室研制的
大马力新能源农机、施肥机

之一，特点是作业面积大，作业季节性强。当前大田作业场景主要围绕我国主要粮食作物展开，包括水稻、小麦、大豆、玉米。大田作业场景涉及耕种管收各个环节，目前在大田作业中已经出现了部分优秀应用案例，如无人驾驶新能源机器人、植保无人机等。

图 4-6　植保无人机

设施农业作业场景：设施农业可类比工厂化生产，主要特点为环境可控，小气候可调，没有了季节的概念，不受地域性限制。设施农业种植方面涉及移栽、播种、植保、收获、搬运等环节，典型的设施农作物有番茄、生菜。围绕设施农业机器人的探索已经展开了诸多研究案例，如番茄采摘机器人、苹果采摘机器人、搬运机器人。可控的环境也为设施农业发展农业机器人提供了得天独厚的便利条件，是未来最有可能落地多种符合农艺作业要求的农业机器人的应用场景。

丘陵山区作业场景：丘陵山区农田的特点在于田块小而零散，受自然条件限制，丘陵山区地形复杂，地块不规则且坡陡坎高。部分场景农业机械化装备比较匮乏，智能化装备应用更少。其作业环节主要包括旋耕、播种、植保，以及针对林果作业的采摘、搬运环节。数据显示，我国丘陵山区耕地面积达 6 亿多亩，占耕地总面积的三成左右，

图 4-7　设施农业采摘机器人、植保机器人、培育机器人

在当前主要农作物综合机械化已得到大幅提升的情况下，突破地形等条件限制，研发适应复杂地形特点的农业机器人显得格外重要。

在未来的农业生产中，每面对一个场景需求都会有一种机器人或智能化设备来应对。农业作业场景的复杂化、多样化，给农业机器人的推进和应用带来了很多难点和挑战，目前应用稍成熟一些的是自动驾驶拖拉机、植保无人机、挤奶机器人等几类机器人，绝大多数农业机器人的应用还没有被普及，还有很多工作需要补充。所以我们还需要完善部门合作机制，做强农机装备产业链；明确要求，发力短板机具研发公关；加强推广应用，实现产业落地，等等。

加强核心技术公关，着力解决"好用"问题

当前农业机器人还没有得到广泛的应用，农业产业还不完善，其主要原因包括三个方面：

农机农艺结合度低。研发过程中与实际应用场景脱节，可以实现部分场景下的作业动作，但是演示应用居多，实用性能指标达不到农艺要求。

机器人成本高。农业机器人相关的传感器、材料、能源造价相对偏高，同时前沿的算法涉及的研究人员人力成本较高也是导致成本偏高的因素之一。

核心算法的普适性、鲁棒性低。核心部件和核心算法亟待进一步提高，且需研用结合。

要真正达到由农业机器人主导农业生产，各方向科研工作者需要

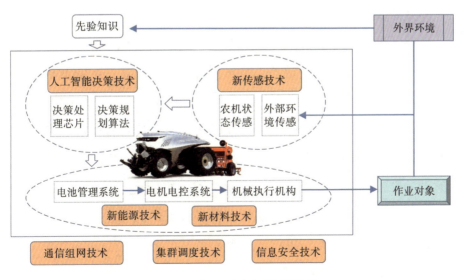

图 4-8　机器人主要技术架构

173

"博观而约取，厚积而薄发"。未来，人工智能决策技术、新传感技术、新材料技术、新能源技术、集群调度技术、信息安全技术、通信组网技术的积累和突破将是农业机器人推广应用的决定性因素。

人工智能决策技术

人工智能决策技术是农业机器人的"大脑"，是农业机器人最核心的部分。农业机器人执行作业时，需要针对真实环境获取特定目标任务，进行任务辨识与表示，并结合感知数据对任务执行目标进行逻辑分解，形成一系列的行为序列，引导机器人完成特定的作业行为。在行为处理过程中，结合人工智能领域中的计算机视觉、机器学习、自然语言处理、生物识别技术、机器人技术，能够让农业机器人根据各类作业内容、场景需求调整具体的行为执行逻辑，优化整体的任务执行规划，完成特定场景下的作业目标，让农业机器人拥有更强的自主能力、适应能力。

新传感技术

传感器的发展水平、生产能力和应用领域是衡量一个国家科技水平的重要标志，也是农业机器人最重要的基础设备之一。农业机器人技术涉及温湿度、光电、角度、压力、相机、激光雷达、毫米波雷达、超声波、导航、陀螺仪、GPS/BDS 定位等多种传感器技术和设备，可应对大田、丘陵山区、设施农业等不同作业场景下的感知和识别需求。传感器的性能优劣、单体成本跟农业机器人的集成息息相关。另外，农业领域传感器需要满足在恶劣的工作环境下的防水、防尘、防震要求，保证采集信号连续、可靠、稳定。

新材料技术

未来的农业机器人在连接件、电子元件等部分将越来越多地采用柔性结构设计和类似石墨烯的柔性材料。一方面通过机械力学研究对农机进行更合适的重量配比，在减轻重量、减少能耗的同时保障作业质量；另一方面是使整机在转向、作业等操作时更为灵活，特别是在采摘等需精细作业时，柔性材料的使用可更好地保护果实，减少果实损伤。此外，柔性材料结合 3D 打印技术将使农机的零配件设计和生产超越传统的制造方法，缩短从设计到样品的生产周期，使农机的零配件获得更好的性能和更有利的形状。

新能源技术

随着纯电动和混合动力技术的成熟以及在汽车工业的广泛应用，高密度清洁能源动力在智能农业机器人领域的应用成为未来的趋势。鉴于农业机械一般要求连续作业，部分大马力机器人进行大田作业时，还要求其动力机械提供不间断的牵引动力和间断式的提升动力。磷酸铁锂和三元锂电池技术因其高能量密度、安全性高、放电电流大、充电速度快、应用成熟等优点成为当前新能源智能农机的优先选择，后续待原材料和化学体系上突破瓶颈后可考虑引入锂空气电池、锂硫电池、固态电池技术。此外，燃料电池由于其低污染、高效率、高续航能力、环境温度影响小和无须充电的优点，具备成为农业机器人动力源的潜力。

集群调度技术

未来农田作业场景里面的耕、种、管、收、储、运等环节会全部交由农业机器人来循序完成，但是机器人个体能力有限，实际应用中存在资源利用率不足、效率低下的问题。为应对此类问题，协作机器人、集群化机器人管理技术等问题也是迫在眉睫。这就要求集群调度管理技术在大数据平台的支撑下，能够按照作业目标，对现场各类机器人进行整合调度，根据最近调度、最优调度、组合调度、最快调度等不同的作业需求，生成农业机器人调度策略，将分配结果转化为作业要求反馈给机器人，形成多机器人互联协作的作业模式，确保安全作业、高效作业。

信息安全技术

当未来农业进入数字时代，所有的信息通过 0/1 信息在网络中传输，将同样面临着网络安全和数据隐私问题，这就需要提供安全、可信的技术及相关服务。农业机器人在农业作业中的很多数据非常重要和敏感，包括土地资源信息、农机自身数据信息、农场收益等，这些数据的私密性需要受到保护。当前已经出现利用分布式技术、区块链技术的安全网络，未来农业数据的安全性也将会成为技术核心。

通信组网技术

很多农业作业场地具有地广人稀、位置偏远的特点，尤其在新疆、内蒙古、黑龙江等我国农业重点区域，传统的地面无线网络无法覆盖作业区域，未来可借助卫星通信和农业物联网等网络技术，实现广域无缝覆盖。必要情况下，无人机可随时作为高空平台站为作业区域的终端提供应急服务。未来，6G 网络或许可通过整合天基网络（卫星）和空基网络（无人机）等通信资源实现"泛在连接"，具备覆盖范围广、超高精度和不易受地面灾害影响等特点，实现在高山、边疆等偏远、位置特殊农业区网络盲区的部署。

国产农业机器人发展漫谈

农机装备发展了将近 200 年，农业机器人属于第四代农机技术体系，是面向未来的技术铺垫，并不会快速地得到大规模的市场应用，但是需要建立完备的发展体系。未来农业机器技术的发展需要深度结合农艺要求，加强不同领域知识的交叉融合，补足产业链的技术缺口，不断进行创新与实践，同时需要重视人才培养、政策支撑。

因地制宜，有的放矢

农业机器人的发展需紧密结合农艺要求。要深入具体场景环节，在需求中反推技术需求。研发者要与使用者多做交流，针对农业机器人的研发，抓住使用者关心的某一种或某一类焦点问题。以设施农业番茄采摘需求为例，设施农业下番茄的生长位置在生长过程中具备一定的可控性，使用者希望番茄采摘机器人能够替代人工，提高采摘效率，那么采摘的速度和损坏率便是农业机器人维护的重点，对于枝叶深处被遮挡或重叠的果实的识别可以有选择地进行技术规避。

互通有无，旁征博引

农业机器人的发展要加强不同领域知识的交叉应用。农业机器人是一个交叉学科，是集计算机技术、农艺知识、传感技术、通信技术、整机制造技术等多种前沿技术于一体的综合体。要制造出一台可用、易用的机器人，我们需要打破技术壁垒，加强交流，进行多领域知识深度融合、测试。另外，我们也需要借鉴和学习国内外前沿技术，补足产业链上的不足，把核心技术掌握在自己手中，避免"卡脖子"情况。

革故鼎新，极深研几

农业机器人的发展需勇于创新，加强实践。对于不同的农业作业场景要大胆假设，小心求证。农业场景是复杂多样的，不同的场景所应用的技术存在差异。在针对某一种需求设计机器人时，若原有的使用方式存在局限性，可突破当前场景下常用农业机械装备的固有思维，进行创新性的设计，不过在验证的环节还是要回到实际，保证新型农业机器人的可用性。

另外，需要重视人才培养，保证相应的政策支持。包括细分农业技术专业学科，规范农业先进技术教育体系，注重理论与实践的结合，鼓励普通高等院校、科研院所、职业院校与企业等开展深度合作；增强政府资源支持力度，制定相关补贴政策；提供更多"机器人+"研究应用基地，联合开展各类农业机器人研究人才的培养和人才引进；对部分农业信息数据，政府支持建立一定程度的共享和使用机制；等等。

小结

农业机器人是智能农业装备未来发展的重要趋势，机器人技术在农业场景中的应用，将农业的标准化、规范化以及农机的自动化、智能化向前推进了一大步，在有效提高农业生产效率的同时有利于农业相关人员更好地制定战略，从而缓解全球的粮食短缺危机。未来，农业机器人的发展将是千汇万状的，农业非结构化环境的特点使农业机器人的研究与应用面临新的挑战，同时蕴藏新的期待。"拨云睹日"，相信农业机器人一定会给农业生产带来一场不一样的升级与变革。

"耕作统一化"，统耕统种时代开启

观点

　　家庭联产承包责任制的推行既解放了农村生产力，又充分发挥了农民生产的积极性，农民由单纯的劳动经营者向既是消费者又是经营者转变，使我国的农业发展有了质的飞跃。然而，经过40多年的发展，传统的家庭农业经营综合能力不强，生产主体的规模化、组织化程度偏低逐渐成为制约我国农业发展的重要因素。

　　随着农业机械化、智能化水平的不断提升，传统的一家一户小农业也面临着向集约化、规模化方向转变的局面，未来农业会逐步从以家庭为单位向由掌握专业化技术的服务性质的综合体统耕统种方向转变，农业耕作方式也将由传统的"面朝黄土背朝天"向以信息技术为依托、智能农业机械为手段、计算机为中枢大脑的智能化耕作转变。

为什么要"统一耕种",你了解这种模式吗?

据统计,我国从事农业的人口数量在 2 亿左右,按中国总人口数量 14.13 亿人口来计算,从事农业的人口数量约占 1/7。美国总人口数量是 3.32 亿,从事农业的人口为 300 多万,仅占总人口的 1%。2021 年美国农民的平均年收入是 43446 美元,约为中国农民的 17 倍,其中美国爱荷华州的全职农民的年收入基本在 50000 ~ 70000 美元,有些农民的年收入甚至超过 100000 美元。

美国是世界上农业机械化程度最高的国家之一,美国的农业机械

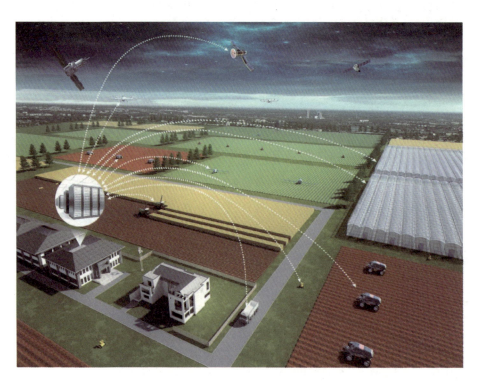

图 4-9　未来农业作业场景图

化设备种类繁多，配套齐全，基本实现了从耕地、播种、灌水、施肥、喷药到收割、脱粒、加工、运输、精选、烘干、贮存等所有的农业生产环节。大规模的机械化生产的应用也极大地提高了美国农业生产的效率，如今美国一个农业劳动力就可以耕作 450 英亩土地。除了机械化程度高之外，美国农业部的信息处理中心建立了世界上迄今为止最大的农业信息系统 AGNET，为美国的农业提供全面、准确、客观的精确化种植指导。据统计，采用这种精准农业技术可节省肥料 10%，节约农药 23%，每公顷节省种子 25 公斤；同时，可使小麦、玉米增产 15% 以上。

目前我国还是以家庭作为生产劳动的主体，耕地往往呈碎片化、分散化状态，不同的农作物在小块土地上的分布错综复杂，即便是同

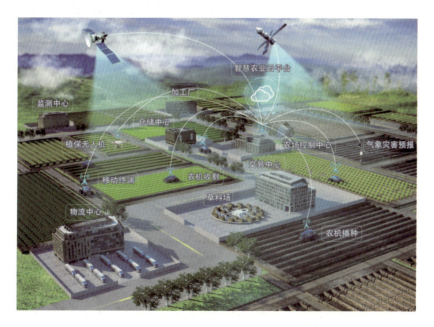

图 4-10　未来农业产业结构布局

品种的作物也很难做到集中连片，所以无论在播种、灌溉、施肥、施药等环节，都很难做到像美国那样应用大型机械设备和先进的农业信息系统实现农业生产的精准化、高效化、智能化。小规模农业抵御市场风险的能力较弱，农民在种植类型方面往往不会根据市场特点进行规划种植，跟风式的种植比较常见，一方面容易出现农产品滞销、价格低等现象，另一方面也会出现"蒜你狠""姜你军"的怪象，不利于保障国家粮食安全。

"统一耕作"的技术模式

未来农业统一耕作的技术模式是依托信息技术，以智能农机为载体，围绕"两选，两精，三变，三减，一用"（两选：选地、选种；两精：精准平整、精量播种；三变：变量施水、变量施肥、变量施药；三减：收获减损、运输减损、仓储减损；一用：秸秆利用）十一个生产节点全产业链统一化耕作。未来农业将实现统耕统种，借助地理信息技术、智能决策技术、物联网技术等信息技术，全面捕捉农业生产过程、农业经营过程以及影响作物生长的各项信息，把农业产前、产中、产后各个环节纳入规范的生产和管理轨道，逐步形成农业全产业链、全过程的标准体系，科学提高土地产出率、劳动生产率和资源利用率，在保证作物高产、优质、生态、安全的前提下实现农业生产高效可持续发展。

统一耕作的"两选，两精，三变，三减，一用"技术模式具体如下：

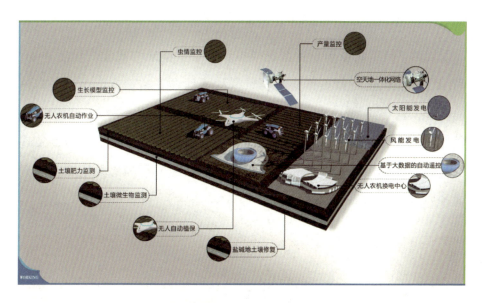

图 4-11　耕作统一化农业技术模式

1. 两选：选地、选种

未来农业是在耕地集约化、规模化条件下，根据农田的气候、土壤、水质等地理数据、历史种植记录及种植经验，并结合各类农作物和品种的环境喜好、农艺要求、种子生长特性、田间实验数据、市场数据信息、产业调整信息及农机具适配数据，协同农业专家知识库资源，基于人工智能算法进行系统化模拟分析，选择适宜具体地块的品种，实现选地选种的目的。这里的具体地块不再是我们认知的几亩或者几十亩的地块，而是以 5 万亩或者 10 万亩甚至更大面积作为一个生产单元。

2. 两精：精准平整、精量播种

传统农业生产的整地和播种大多依据先验经验，未来农业生产会基于土壤特性、气候条件、灌溉条件、作业时间、作物品种特性及种植农艺要求、历年种植经验及农机具信息库规划，在保证出苗率和高产的同时，利用农业信息化系统模拟获得最优整地方式和最佳播种量，利用智能农机进行精准平整、精量播种。精准平整一方面可以提高整地质量，保护土壤，另一方面可以提高农作物产量；未来农业通过精量播种可以有效地解决传统农业播种粗放、播种质量低等问题，实现种子数、播种机轨迹监测，独立精准控制株距，提高播种精度，提升播种质量，减少播种损耗，增加农作物产量。

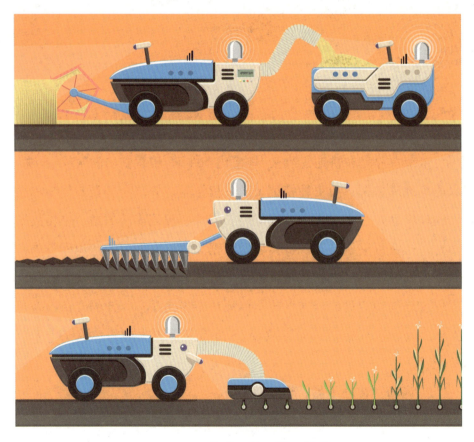

图 4-12　精准平整、精量播种

3. 三变：变量施水、变量施肥、变量施药

基于地形以及地貌特点，同时综合外部温度、湿度等因素，按照作物生长过程的要求，通过现代化监测手段，对作物的每一个生长发育状态过程以及环境要素的现状进行监控、预测及分析，制定土壤需水策略，采用智能喷灌设施执行变量灌溉作业，确保作物生长过程中的用水同时又能节水。针对化肥的不科学施用导致肥料利用率降低、肥料资源浪费严重以及土壤质量加速衰退、土壤肥力下降和农业生产成本增加、品质下降等问题，未来农业生产将应用变量施肥技术，以不同空间单元的产量数据与其他多层数据（土壤理化性质、病虫草害、气候等）的叠合分析为依据，以作物生长模型、作物营养专家系统为支撑，根据地块现有养分的情况，结合作物品种、气候条件、药肥配方进行定量，产出处方图，将处方图导入智能农机具，实现变量施肥，提高化肥利用率，降低生产成本。针对目前频繁和过量使用农药的现

图4-13　三变技术应用

象,应用基于虫情大数据的动态施药技术,通过大数据分析,结合气象、病虫害类型数据完成虫情预测,构建基于虫情的变量施药模型,获得动态施药决策,通过合理分配农药投入,降低施药成本,灭除虫害,同时降低作物中农药毒素的残留量,提高农作物品质。

4. 三减:收获减损、运输减损、仓储减损

节粮减损是保障粮食安全的重要一环,聚力推进种植生产产后减损,充分借助智能化、信息化手段,将信息化技术运用到收获、运输、仓储等环节,通过智能化改造,应用推广农业生产产后收获、运输与贮藏、快速烘干等产后减损工艺技术。通过粮食作物收获测产、智慧运输、智能仓储等关键技术的应用,有效提高节粮减损能力,实现降本增效。

在收获过程中,受到作物水分、机械速率以及机械收获控制等方面影响,收获作物的损失通常比较高,作物产量比重降低,通过搭建作物收获模型模拟粮食收获全过程,可以得到不同环节的最优解,判

图 4-14　收获减损

断出正常的减损合理取值。

粮食运输损耗包括重量减少和质量下降两部分，前者主要由筛选、遗漏、抛撒和转运破碎造成，后者主要指因雨淋或外界气温变化等因素导致的粮食脂肪酸值升高、食味品质下降甚至霉变、霉烂等。可以通过装设传感器、摄像头等多种手段，实时或者离线采集相关数据，分析粮食运输各环节损失率及其内在联系，构建一套全流程粮食运输减损技术规范，并以此优化粮食运输过程，最终达到粮食减损的目的。

如何保存粮食、避免变质是确保粮食安全的重要问题之一。不同时期收获的作物含水量不同，对仓储设备具有不同要求。如何在适宜的仓储条件下实现作物保鲜是保障粮食安全的核心问题之一。可以通过进行绿色储粮标准化建设，利用机械通风、电子测控等智能化设备，利用基于作物含水量特征的动态控温技术，结合外界温度、作物含水量以及作物特征实现动态温控，进而实现作物保鲜的同时提高保存周期。

5.一用：秸秆利用

农作物秸秆中含有丰富的营养成分，可以作为畜禽饲料与田间生态肥料，但是秸秆处理是一项繁重的工作。秸秆既富含多种营养元素与养分，又含有多种病害虫卵，如果秸秆直接还田，秸秆不能得到充分发酵分解，病害虫卵不能被及时杀死，就会对土壤环境及作物生产产生不良的影响，增加病虫害的发生率。未来耕作统一化利用秸秆也将是农业收益的重要组成部分，一方面可通过菌剂的发酵将秸秆制成牧畜的重要饲料，另一方面可通过发酵技术将其制成花木种植及田间生态肥料。

生产收益的分配方式

未来耕作统一化的主体可以分为四类：农民、大户、政府、国企。其中，农民和大户很难适应市场经济发展的需求和抵御市场风险，在耕作统一化的趋势下，农民和大户作为经营主体，遇到风险时很难保证农民自身的利益。相较于农民和大户，政府和国企既有较高的风险抵御能力，又能保障农民的切身利益，更重要的是可以按照一定的标准进行农业生产，既能满足国家战略需求，也能按需调控市场。统耕统种既要配备大型的农机装备和专业的技术人员，又要根据市场调节实现盈亏，相较于政府部门，以政府作为主导的国企更适合作为专业化的服务公司进行耕作统一化操作，所以未来我国农业的发展方向会由以家庭为单位的经营主体，逐步向类似于各地农垦这样的专业化公司转变。

耕作统一化的关键是利益分配问题，即如何平衡农民的利益，在保障国家粮食安全和农副产品有效供给的前提下让农民获得最大的利益，促使我国农业在高质量发展中实现共同富裕。统耕统种时代必定会以乡镇甚至县为单位，如以每5万亩作为一个生产单元，将以家庭为单位的耕地进行集约化、规模化流转，由专业的农业服务公司进行统耕统种，并进行农产品加工、销售。相比于目前农民一家一户的经营，耕作统一化会大大提高经营收益，但是要注意在收益的分配上更多地向农民倾斜。

以"农业服务"为核心，实现农户与农业的有机衔接

无论美国还是日本，专业的农业服务公司进行农业专业化服务是比较常见的，国外农业服务（简称"农服"）的功能定位与目前国内农业服务的功能定位还是有较大的区别的。国外的"农服"不但涵盖农资购销、农业机械、信息咨询、技术指导等方面的服务，还包含基础设施建设、农业金融、气象和能源等，其供给主体主要包括政府公共部门、私营企业、志愿者团体、社区和混合企业（社区企业和具有多种合作形式的合资企业）。国内的农业服务目前主要以合作社、耕作大户为主体，只提供单一的农资购销、农机服务，不具备覆盖农业全产业链的过程。

我国未来农业统一化耕作将有别于国外的农服模式，统耕统种时代的"农服"必定是由专业化公司提供"耕、种、管、收、加、销"

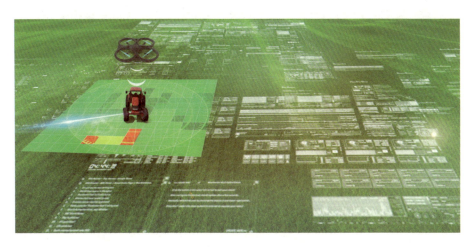

图 4-15　信息技术支撑下的农业服务

全流程的服务，并核算农业生产的"全产业链""全生命周期"的价值，达到"节本，增效，提质，增量"的目标。我国农业生产地形复杂，既存在山地、平原、丘陵，又存在高原、盆地，不同地域的农业差异性较大，所以未来耕作统一化模式下将制定不同的区域种植标准，会由政府牵头根据不同的区域特点打造符合地方农业特点的种植示范标准，由专业化的农服公司提供技术示范。第三次全国国土调查结果显示，目前我国耕地面积达到 19.18 亿亩，未来农业需要依托信息技术打造类似于美国的 AGNET 系统来支撑农业社会服务，提高农业生产精准化、智能化水平，推进农业资源利用方式转变，同时耕地数据、装备数据也将成为国家重要的战略资源。

小 结

随着土地经营权流转的发展以及农业生产托管服务模式的创新，统种、统管、统收将成为未来农场规模化发展的模式。农业社会化服务主体将集中整合农资、农艺、农机、农技、金融、保险等方面的资源，向社会提供专业的、全面的农事作业服务，并通过集约化的方式实现降本增效，形成现代化、规模化、专业化的农业发展模式。

第五章

科技强农：未来农业新图景

随着科学技术的进步，在各行各业纷纷进入"智能时代"的大背景下，我国的农业科技如何发展成为必须解决的问题，而发展智慧农业成为解决此问题的有效途径。

世界主要发达国家都将数字农业作为战略重点和优先发展方向，相继出台了"大数据研究和发展计划""农业技术战略"和"农业发展4.0框架"等战略，构筑新一轮产业革命新优势。《2019年全球农业生产率报告》指出，一些高收入国家采用了先进农业技术和农场管理方法后，在耕地面积仅增加5%的情况下，粮食产量增加了60%。2022年《美国科学院院报》（PNAS）发表的一篇研究文章表明，玉米产量的增长，其中48%来源于气候变化（每十年的气候趋势），39%来源于农艺措施优化，而只有13%来源于品种产量潜力的改进。

当前，能否让数字农业从一些地方的"盆景"变成大规模推广和应用的"风景"，还需加快科研应用转化、提高生产经营效率。通过数字农业把农民、新型经营主体、涉农企业、行业组织联系在一起，形成更强的竞争力、更高的生产力，为农业现代化提供助力。未来也需要通过信息技术不断发掘生产各环节的潜力，依靠工具实现农艺过程优化，达到节本增效和粮食产量提升的目标。

本章选取了几个具有代表性的示范区的智慧农业应用的典型案例，多维度展示了农业的产前、产中、产后各个环节是如何开展全方位的服务，如何及时疏通渠道，使各种农作物产量达到最高、生产成本降到最低、加工增值达到最大、销售价格和经济效益达到最高的，同时与大家共同探讨科技如何强农，未来农业又将是何种景象。

呼农"一屏掌控"成效初显，
打响"农垦制造"新招牌

建设背景

呼伦贝尔农垦集团是呼伦贝尔市政府为推动农牧业产业化，促进农垦企业加快发展，以海拉尔、大兴安岭两个农垦集团为主，整合市内农、牧、林、渔等多方面资源而组建的具有组织化程度高、经营信誉好、资源占有量大等特点的综合型农垦企业。经过60多年的艰苦创业，垦区建设了一批现代化程度较高的国有农场和农畜产品生产基地，累计生产粮食3750万吨、肉90万吨、奶670万吨，为中国粮食、中国饭碗贡献了农垦力量。

呼伦贝尔农垦集团具有独特的发展优势。一是规模大，施业区总面积3万平方公里，拥有24个现代化农牧场、20个经营单位和3家控股参股企业，总人口17万，在职员工5.4万。二是资源好，拥有600万亩耕地，1000万亩草场，40万亩林地，13万亩水面。受呼伦贝尔大草原和大兴安岭两大生态系统的影响，呼伦贝尔农垦集团享有优质的空气、水源和土壤。三是管理优，具备组织化、集约化、科技化、标准化、集团化、全程机械化综合生产能力，80%以上耕地实行集中统一耕种管理，现代化大农业发展位居全国前列。四是科技强，有各类专业技术人员5000多人，农业科技贡献率71%，处于全国领先水平；与中国科学院、农科院等科研院所在生态草牧业、畜种改良、种子工程等多领域开展科研合作。五是底蕴足，至今仍传承着军垦开发时期的优良传统，实行半军事化管理，牢记"艰苦奋斗、勇于开拓"的农垦精神，形成了信念坚定、忠诚担当、创新奉献、进取开放的企业文化。

呼伦贝尔农垦集团是特定历史条件下为承担国家特定使命而建立的农业综合生产体系，经过几十年的发展，已成为中国特色农业经济体系不可或缺的组成部分，为维护国家粮食安全、边疆稳定发挥了巨大的作用。新时期新形势下，农垦全方位改革的需求愈发迫切。逐步实现资源资产管理的数字化和管理手段的信息化，增强集团公司整体管控和调动集团内外部资源的能力，为实现经济高质量发展奠定基础。实践证明，信息化建设水平已经成为农业企业获取竞争优势的关键所在，提高认识，切实抓好企业信息化工作，全面提升企业战略管理能力和综合管理水平，已成为企业提质增效的重要抓手。

思路与内容

"一张图"呈现集团所有资源，织密"一张网"实现全地域覆盖，为集团公司"种、种①、养、研、加、运、储、销"全产业链业务提供决策依据、技术支撑、管控抓手。

一个保障：以本底资源基础数据建设为保障，以本底资源数据为

图 5-1　呼伦贝尔农垦集团全产业链信息化建设思路

图 5-2　呼伦贝尔农垦集团数据中心

---

① 第一个"种"（第三声）：包括畜牧和作物的育种。第二个"种"（第四声）：种植业的全程信息系统。——编者注

公共平台基础数据，向各个业务及系统提供 600 万亩耕地、1600 万亩草地的地理位置、地块信息等基础数据。

两个重点：发展现代化农业牧业，由农转牧。以业务比重占呼伦贝尔农垦集团 70% 以上的第一产业为重点，重点打造农业种植信息化系统，汇聚气象、遥感、传感器等辅助手段，对标国际水平，逐步实现符合农垦特色的农业指挥决策系统。

一条主线：以呼伦贝尔农垦集团"种、种、养、研、加、运、储、销"整条完整产业链为主线，以各板块的重要节点为切入口，在统一的系统架构下，先实现单点系统的开发，逐步深化扩展，由单一业务到板块全部业务，由单一品类到全品类，由点到线；板块完善后，再由线到面，覆盖整个产业链，实现农垦信息流通、业务流通的全流量管控。

经验与成效

2021 年，呼伦贝尔农垦集团完成了统一数据及接口标准，搭建农垦大数据平台架构；完成 600 万亩耕地等本底资源数字化；开发试运行种植业、畜牧养殖、农机、项目管理、社会化农服、交易类平台的搭建；农垦业务功能的信息化覆盖达到 30%。2022 年，呼伦贝尔农垦集团完善并完成农垦信息化平台架构，在试点的基础上进行规模化推广，由点到线，逐步覆盖 50% 以上农场。

新增加工类、大宗交易类系统平台，扩展社会化农服功能。2023 年，呼伦贝尔农垦集团将全面实现 24 个农牧公司以及各部门的信息化系统应用运行；基于全面数据进行深度挖掘，对各个业务开展指导决策；

由线到面，总体完成 100% 的业务板块覆盖。呼伦贝尔农垦集团将在 2025 年之前，实现全面信息化建设，生产活动基于数据的智能化决策，实现节本增项提质、增量；完成由信息化向智能化推进，成为国内一流的现代化农业企业。

"大河湾"模式别样"丰"景，打造"黑土保护"新样板

建设背景

2021 年，中国科学院启动"黑土粮仓"先导专项，融合现代科技为黑土地保护与利用提供系统解决方案，为保障国家粮食安全和生态安全提供科技支撑。先导专项七大示范区之一的内蒙古呼伦贝尔大河湾，主要特点是漫坡漫岗，耕土层薄，大陆性季风气候，降雨量不多但很集中，因此容易造成风蚀水蚀。

为了用好养好黑土地，大河湾示范区由中国科学院计算技术研究所牵头，组织院内外相关优势单位，将新一代智能装备、人工智能、大数据等技术与黑土地保护性耕作农艺技术充分融合，依托呼伦贝尔农垦集团规模化、机械化种植的产业基础，打造成黑土地保护与产业融合发展的现代化农业示范标杆与典范，实现黑土地保护与利用，未来将服务内蒙古东四盟市乃至东北地区。

思路与内容

"天–空–地–人–机"，立体"管"起黑土健康。针对黑土地本底数据进行全面感知是黑土地保护的根基。大河湾示范区利用土壤能谱探测仪、无人测土机器人等硬核科技与多种技术手段，建立了"天–空–地–人–机"一整套完整的信息采集系统，并建立了多源异构数据融合的物联网云平台。目前已经基本摸清大河湾所有地块包括氮磷钾、有机质、黑土厚度等 3 大类 15 个小类的数据。

在呈现与管理方面，示范区建立了连队级、地块级、种植作物种类级、10 米 ×10 米网格级的四级网格体系，实现不同层级（集团级、农场级、连队级、农机手作业级）的管理和作业需求。

结合 10 米 ×10 米网格数据，未来通过逐年逐步的精量和变量作业，最终达到同一个地块的土壤养分、物理性状等指标的均一化，为整个农场规模化、高效化、统一化作业奠定基础。

此外，示范区还初步建立了地块打分评价体系与黑土地演变与利用方式的基本关系模型库等一系列评估体系。

大数据智能决策，智能农机精准耕作。目前已经建立了专家在线决策与诊断推送系统，正在开发可全程自主大数据决策的智能决策系统。2022 年，针对不同的作业环节，决策系统累计推送建议 100 余条，准确率 80% 以上。与此同时，大河湾示范区还围绕呼伦贝尔农垦集团针对农机装备作业的九大环节提出"两精，三变，三减，一用"理念，借助新一代智能农机装备，高效、智能地输出执行决策系统。

示范区还对现有的柴油动力农机以及农机具进行了智能化改造，

图 5-3　智能农机验证示范

图 5-4　大数据智能决策系统

改造后可以实现位置跟踪、计亩统计、油耗监测、深耕深松监测等。

经验与成效

目前大河湾模式已经初步打通相应模块的数据流，取得阶段性的成果，接下来还要继续积累数据和优化系统，从而形成更加智能、更加强大的系统。最终，示范区形成的"智能农机社会化服务 + 保护性耕作农业大数据社会化服务"方式，在保障农业生产节本、增效、提升、增量的前提下，将面向蒙东四盟市 8000 万亩黑土地进行全面推广。

"黄三角农高区"重大攻关，
盐碱地上崛起创新高地

建设背景

"黄河三角洲农高区"（简称"黄三角农高区"）是继"咸阳市杨陵农业高新技术产业示范区"之后，在 2015 年 10 月 19 日国务院正式批复设立的全国第二个国家级农高区。全国约有 5 亿亩盐碱地需要改良，"黄三角农高区"最基本的任务，就是认真贯彻习近平总书记"给农业插上科技的翅膀"的重要指示精神，综合治理与高效利用盐碱地，以期为全国盐碱地综合治理利用和"一带一路"沿线国家 10 亿亩盐碱地改良提供技术支撑和服务，为全国盐碱地综合利用提供系统解决方案。

建设思路与内容

与中国科学院、中国农业大学等 56 个高校院所合作引进 116 个高层次专家团队，建设了一批重大科研平台。山东省与中国科学院共同创建国家盐碱地综合利用技术创新中心，在黄三角农高区开展盐碱地"科技会战"，打造"七个一"的盐碱地现代农业综合示范，形成"七个一"的现代农业综合解决方案，以信息与智能装备技术实现现代农业全生命周期、全产业链的赋能。"七个一"即：

创制一批优质高产高效的突破性品种。着力解决当前我国种业核心技术原创不足、商业化育种体系不健全等"卡脖子"问题，搭建集"种质资源库（圃）-育种平台-繁育基地-种业总部基地"于一体的种业产业化综合性创新平台，培育一批优质特色、绿色高效、高附加值的盐碱地特色突破性新品种。

建立一套绿色生产标准。基于信息技术，围绕盐碱地地力提升，聚焦节水、减肥、降药、增效目标，系统攻关盐碱地生态服务功能提升、有益昆虫开发与利用、农业绿色投入品研发与应用等关键技术，研发推广高效节水滴灌暗灌、有机废弃物高效还田、节能保护性耕作、生物炭与微生物功能菌肥等应用，构建涵盖农产品产地环境、投入品使用、质量安全监管等全过程的农业标准体系，争取形成一批行业及国家标准。

绘制一张电子作业地图。通过卫星、无人机、地面传感器监测（检测）等手段，研究解决多源异构数据融合问题，绘制农情一张图，掌握农事作业土地中每一个坐标点的水文、土壤、气候、生物的情况。

构建一张信息传输网络。将卫星网络、地面公共网络以及局部网络进行有机融合，研究解决异构网络协议、通信接口等问题，保障农情数据在任何时候、任何地方都能高速、稳定、准确地传输。

图 5-5　智能农机

开出一套全生命周期智能作业处方。针对盐碱地特定作物，研究构建其基本生长模型，通过统计学习、人工智能与复杂系统最优化的方法构建土壤、水、肥、温湿度、光照、病虫情况等与作物产量、作物生长状态间的修正模型与算法，最终形成针对特定作物的最优种植处方。

研制一系列智能作业装备。基于自主知识产权的信息技术，针对当前的农业机械装备进行智能化改造与提升；积极研发创制一系列基于自主知识产权的多型号清洁能源智能农业成套装备，实现针对特定作物耕、种、管、收全生命周期的智能化、精准化和无人化作业，并实现产业化发展。

搭建一个智慧农业大数据综合指挥中心。从安全、节本、增产、增效的角度出发，对农业全生命周期数据实现：1.种、水、肥、药、智能装备和人力等所有资源统筹管理。2.结合优种处方、客观环境数据与智能农业装备，构建数据驱动的耕、种、管、收模型，形成综合作业方案，实现智能农业装备的远程精准控制与指挥，实现农业装备在农业生产过程管理、病虫草情管理等作业质量管控，实现作业质量的全程数字化与可追溯管理。3.整合农产品精深加工数字化平台，实现成分分析、结构确定、营养功能确定等，形成农产品质量评价体系。4.以农产品信息、物流、仓储、冷链、安全与溯源等为核心，构建起基于"农产品智能溯源 + 进销存 + 供应链管理 + 第三方电子支付 + 市场管理 + 物流配送 + 仓储服务"的综合应用平台，实现农产品供销协同发展的新模式。

经验与成效

针对盐碱地现代农业的"七个一"，目前已经搭建起基本的技术框架，初步建立了"天-空-地"一体化信息采集系统、网络系统、智能装备控制系统、农艺专家系统等，并将在黄三角农高区 2 万亩盐碱地上进行应用示范。基于人工智能与大数据等技术，通过三年左右的迭代训练，后期将形成真正意义上的无人智能决策系统，并以自主研发的第三代智能农机装备为执行端，形成面向盐碱地的现代农业综合解决方案。

繁昌"优质稻"先行示范，
绘就"美丽乡村"新画卷

建设背景

芜湖是长三角地区重要的农业生产基地，同时具备一定的农机工业基础，是中国科学院计算所面向长江中下游地区水稻种植的重要布局支点。2021 年 10 月，中国科学院计算所与芜湖市繁昌区达成战略合作，以数字乡村试点建设为契机，大力发展现代农业。依托繁昌区的区域特色，在繁昌区启动建设以"第三代智能农机"为切入点的"全程机械化、智能化种植"示范区。双方共同开展针对水稻的"农业模拟器研发应用和现代化农业示范基地建设"，形成"种植前地块级精准体检-种植中全程数字化信息采集-专家系统实时处方建议-机械化智能化精准执行"的现代农业新范式，开展面向当地区域特色的第三代农机创新体系建设系列研发创新活动，推动"中国科学院解决方案"的技术成果落地与产业化，科技赋能，助力乡村振兴。

图 5-6　稻麦轮作智慧农业总体技术框架

思路与内容

　　利用"空-天-地-人"四位一体全方位监管手段，依托卫星遥感实现对全域产业资源情况、环境信息、发展趋势的信息采集与分析，构建集数据感知汇聚、智能辅助决策和业务专题应用于一体的全域智慧农场，形成与农场业务相关的资源整合、环节监管、综合管理、分析决策的全链条能力，实现对农场资源的精准管理和农场经营的辅助决策。

　　感知层是应用卫星遥感、航空摄影、无人机巡检、监控摄像、移动终端、物联设备等手段组建对农场、"空-天-地-人"四位一体化的监测网络，实现全天候、全区域、全要素的实时动态监管，为农场作业、产业规划、调度管理提供翔实可靠、生动具体的信息支撑。

数据支撑层应用云计算、分布式技术架构将物理层面的计算资源、存储资源、网络资源和安全资源统一打造成面向整个集团的虚拟资源池，对集团内部的全部用户提供按需分配、弹性调度的基础支撑能力。同时，将全域采集的数据汇集导入中心数据库，利用大数据技术进行治理、集成、开发和分析，基于统一时空基准打造产业链条大数据仓库，并在此之上形成人员信息、基础地理、专题信息、办公业务、农事业务、农机农贸等主题数据库，构建全域农垦大数据中心。

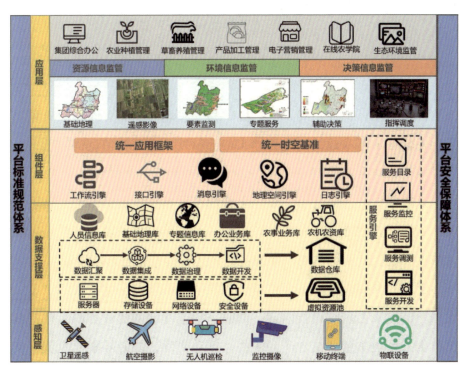

图 5-7　稻麦轮作智慧农业系统方案

组件层通过集中构建系统所需的工作流引擎、接口引擎、消息引擎、地理空间引擎、日志引擎、服务引擎等一系列应用组件，打造面向业务的统一应用框架，是平台中所有数据、应用的运行核心。

应用层可分为"一张图"应用和业务领域应用两部分，"一张图"应用是指全域、全要素农场业务地图，是业务领域应用的空间基础和信息底板，实现基础地理、高分遥感、地区气象、农事农情、农机作业等数据的融合叠加，便于全面了解农场产业监管状况，摸清集团资源底牌，辅助科学化决策；业务领域应用是基于统一应用与服务框架构建的面向不同农场业务与综合办公的应用系统，包括农场种植、产品加工、电子营销等方向。

经验与成效

科技引领——将"第三代农机"和"农业模拟器"同时引入繁昌区稻麦轮作示范基地，同时将"水、土、气、生"等信息进行整合，在机械化基础上实现智能化，带动整个地区农业生产水平的提升。

生态保护——通过生产数字化管理系统和智慧决策系统实现农业生产的精准施肥施药、病虫害防控等，有效减少化肥农药的施用，大大减少农业生产面源污染，保护耕地结构，提升生态环境质量。

创新盈利模式——结合芜湖打造的中国科学院品牌授权的"芜湖大米"，注入更多的科技内容。同时，示范基地的建成可以有效提高粮食生态环境质量，结合产品销售，推动研学、旅游等融合发展，实现自我造血。

小 结

　　赵春江院士曾在《智慧农业现状与展望》专题报告中表示"现代农业生物技术、信息技术迅猛发展，将成为现代农业发展的重要引擎"。提高农业生产各环节的信息化水平是现代化农业的核心思想，以"数字化"为特征的现代农业 4.0 毋庸置疑是中国智慧农业"未来时"。当下，在密集的"三农"政策推动之下，我国智慧农业开始崭露头角，从概念阶段走向全国大范围实践阶段。

　　示范引领一直是我国农业发展的重要策略之一，通过示范区、示范园、示范基地的试验示范，然后总结模式、复制推广，已经成为经过实践证明的正确路径。呼伦贝尔农垦集团信息化管理的标新立异、大河湾模式的推陈出新、黄三角农高区盐碱地上的除旧革新、繁昌区稻麦轮作的别出心裁，这些示范区的成果初显在很大程度上解决了传统农业各方面的不足。农业技术手段的突破展示了"向科技要粮"的重要性，也预示了智慧农业的到来有其必然性，将对我国粮食增产起到积极作用。

　　因此，在未来，我们要继续强化科技驱动，加快种业、农机等科技创新和推广应用，进一步提升粮食综合产能，实现粮食增产提质降本增效，提高农业防灾减灾能力，向科技要产能要产量；要通过新品种的试验示范、新技术的集成展示，让农民认识到科学技术的重要性，积极拥抱新品种、新技术、新农机，从而为粮食增产赋能添智，为粮食产能提升插上科技的翅膀。